Hazlo ahora

Hazlo ahora

Supera la procrastinación y saca provecho de tu tiempo

NEIL FIORE

Traducción de Mar Vidal

PAIDÓS

Obra editada en colaboración con Editorial Planeta - España

Título original: *The Now Habit: A Strategic Program for Overcoming Procrastination and Enjoying Guilt-Free Play*

Composición: Realización Planeta

Bajo el sello editorial PAIDÓS M.R.
Avenida Presidente Masarik núm. 111,
Piso 2, Polanco V Sección, Miguel Hidalgo
C.P. 11560, Ciudad de México
www.planetadelibros.com.mx
www.paidos.com.mx

Primera edición impresa en España: octubre de 2024
ISBN: 978-84-1344-353-9

Primera edición impresa en México: abril de 2025
ISBN: 978-607-569-974-5

Impreso en los talleres de Impregráfica Digital, S.A. de C.V.
Av. Coyoacán 100-D, Valle Norte, Benito Juárez
Ciudad De Mexico, C.P. 03103
Impreso en México - *Printed in Mexico*

Este libro está dedicado a las personas que han tenido el coraje y la perseverancia de pedir ayuda ante el frustrante problema de la procrastinación. Ha sido escrito para todos aquellos que, en su búsqueda de ayuda, tenían una concepción equivocada de su propia valía, el deseo de salvar una parte de ellos mismos y la profunda convicción de que tenían un buen trabajo que aportar.

Pero, por encima de todo, este libro es para Elizabeth.

Sumario

Este libro es fruto de mi propia lucha con la procrastinación,[1] la motivación y la creatividad, pero en buena parte se basa en las experiencias de miles de pacientes de *coaching* y terapia, así como de participantes en mis seminarios, que han compartido conmigo sus dificultades y sus triunfos. Quiero agradecer la colaboración de todas estas personas llenas de coraje que se enfrentaron repetidamente a sus miedos y encontraron la fuerza en su interior para volverlo a intentar. En sus historias se han cambiado los nombres, las profesiones y las circunstancias con el fin de proteger su intimidad.

Quiero agradecer también el apoyo y el amor constantes de mi familia y mis amigos, que me ofrecieron tantas comidas libres de culpa y tantas oportunidades de ocio sin exigir-

1. En inglés, la palabra *procrastination* —así como el verbo *to procrastinate*— alude al hecho de postergar, diferir, aplazar o dejar de realizar cualquier actividad como consecuencia, normalmente, de la pereza, la inseguridad o el desagrado que produce el llevarla a cabo. La forma española «procrastinar» ha caído prácticamente en desuso y se mantiene como cultismo. Sin embargo, debido a la influencia actual de la lengua inglesa en determinados ámbitos (negocios, gestión empresarial, etcétera), hemos creído oportuno recuperar este término. (*N. de la T.*)

me nada a cambio. El personal del Counseling Center de Berkeley, de la Universidad de California, merece una mención especial por su apoyo a lo largo de tantos años. Deseo dar las gracias a Jeremy P. Tarcher, que creyó en el borrador inicial del manuscrito y tuvo la intuición de ver este libro. A continuación quiero expresar mi gratitud por los consejos y la ayuda de mis agentes. Estoy muy agradecido a los amigos que leyeron los borradores y me ofrecieron sus críticas constructivas, y aprecio especialmente la asistencia de Jayne Walker y Harriet Whitman Lee. Y agradezco asimismo los conocimientos de edición y los sabios consejos de Hank Stine y la inspiración de Janice Gallagher, que tanto contribuyeron a la organización de este libro.

Prólogo a la nueva edición

En su libro *Creatividad: Una guía breve y divertida*, John Cleese, famoso por Monty Python y *Fawlty Towers*, define la creatividad como una «nueva forma de pensar sobre las cosas». De manera similar, *Hazlo ahora* aborda la procrastinación y sus causas. No te culpa ni te llama vago; simplemente te ayuda a desbloquearte y a practicar la autocrítica efectiva. Al seguir los pasos de *Hazlo ahora*, empezarás antes y descubrirás que tu cerebro está ansioso por aprender y por emprender el trabajo creativo de pasar del *no-saber* al *saber*.

Estoy totalmente de acuerdo con sir John Cleese y añadiría que el juego sin culpas es esencial para trabajar de forma creativa, rápida y eficaz. Esto es especialmente cierto cuando te enfrentas a tareas aburridas que preferirías evitar, posponer o retrasar lo máximo posible, es decir, aquellas en las que es más probable que procrastines.

Dado que gran parte de la vida implica tareas ineludiblemente aburridas —y, a veces, dolorosas— como rellenar formularios de la declaración de la renta o someterse a una cirugía, tiene sentido aprender a limitar el debilitante hábito de la procrastinación y avanzar hacia la productividad, la creatividad y la mejora de la salud. Alcanzar el éxito en los estudios, los negocios o los deportes suele requerir enfrentarse a algunas tareas difíciles. Cuanto antes empieces, antes las habrás superado, y podrás dedicarte a las actividades que más disfrutas. Cuanto antes empieces, antes descubrirás que eres más creativo de lo que pensabas, o al menos la parte creativa de tu cerebro.

Después de haber trabajado con miles de personas, he llegado a la conclusión de que la procrastinación no es la causa de nuestros problemas, sino más bien un intento de solución. Defino la procrastinación como un intento de resolver problemas como la baja autoestima, el perfeccionismo, el miedo al fracaso y al éxito, la duda, el desequilibrio entre el trabajo y el ocio, el establecimiento ineficaz de objetivos y las percepciones negativas sobre el trabajo y uno mismo.

Con esto, en realidad, no estamos combatiendo la procrastinación, sino las cosas que nos hacen utilizarla como una forma de protegernos de la crítica, el miedo y el fracaso. Con tantas formas de distracción disponibles desde su primera publicación en 1989, el sistema de *Hazlo ahora* es más importante que nunca si queremos hacer las tareas que mejoran nuestra vida.

Para combatir las distracciones que nos bombardean desde internet, los mensajes de texto y los teléfonos móviles, necesitamos un enfoque mental claro sobre cuándo empezar y qué empezar, incluso si los hábitos y las distracciones habituales nos tientan. En lugar de preocuparte por «¿Cómo voy a terminar todo este trabajo y hacerlo a la perfección para evitar las críticas?», concéntrate durante 5-15 minutos en cuándo puedes empezar, en qué parte de la tarea y prepárate una lista para evitar obstáculos como las dudas sobre ti mismo, la autocrítica, los antojos, las llamadas y los mensajes de texto. Puede que en 5-15 minutos no hayas completado una tarea importante, pero sabrás más de lo que sabes ahora y tu yo futuro agradecerá que hayas empezado.

Quienes aplican las técnicas de *Hazlo ahora* y las ponen en práctica pueden lograr grandes cambios en su productividad y en su vida. Puede que sea necesario practicar diariamente y semanalmente la mejora de tu autocrítica, pero en cuestión de semanas la mayoría observa una gran mejora. Nota: si vuelves a la vieja autocrítica (por ejemplo, «*Tengo que* terminar ya todo este trabajo»), vuelve rápidamente a sustituir «tengo que» por una elección como: «*Elijo empezar* durante 15 minutos para ayudar a mi yo futuro».

No tienes que querer hacer el trabajo; eres adulto, puedes elegir hacer lo que es difícil, como cuando empiezas un puzle, un crucigrama o practicas tenis.

Ten cuidado y evita preguntarte: «¿Qué me pasa?». Eso es un pantano profundo. Concéntrate en la tarea y evita la autocrítica. Independientemente de tu estado emocional o psicológico, te sentirás mejor desarrollando el hábito de ponerte en marcha.

Mis mejores deseos en tu viaje de descubrimiento.

NEIL FIORE, agosto de 2023

Introducción

> La naturaleza humana se ha vendido a precio de ganga... [los seres humanos tienen] una naturaleza superior que [...] incluye la necesidad de encontrar sentido al trabajo, de asumir responsabilidad, de desplegar creatividad, de ser buenos y justos, de hacer lo que vale la pena hacer y de preferir hacerlo bien.
>
> Abraham H. Maslow,
> *Eupsychian Management*

Ya seas profesional, empresario, cargo medio, escritor o un estudiante deseoso de superar tus problemas con la procrastinación —o si sencillamente quieres ser más eficaz a la hora de realizar proyectos complejos y estimulantes—, este programa te ayudará a obtener resultados. Si eres organizado con tus obligaciones más importantes y sin embargo te das cuenta de que acabas ignorando las pequeñas pero esenciales tareas de la vida diaria, *Hazlo ahora* te ayudará a establecer prioridades, a emprender y a terminar también estas tareas. Si eres un profesional cuya intensa agenda no le permite dedicar tiempo al ocio, el programa estratégico de *Hazlo ahora* dará legitimidad a tu ocio sin culpa, al tiempo que mejora la calidad y la eficacia de tu trabajo.

Si sufres pánico y bloqueos extremos cuando te ves sometido a presión en tu trabajo, este libro te enseñará a superar el terror inicial y ponerte manos a la obra. Te enseñará a utilizar el diálogo interior, que te fortalecerá y te conducirá a la toma de decisiones responsables y a evitar los mensajes ambivalentes como «deberías» y «tienes que».

El prototipo de procrastinador cumple la mayoría de los encargos a tiempo, pero la presión por hacer las cosas en el último minuto le provoca una ansiedad innecesaria y perjudica la calidad del resultado final de su trabajo. La procrastinación es un problema con el que todos luchamos en algún aspecto de nuestra vida, ya sea cuadrar el presupuesto, rellenar un complicado formulario legal o pintar la habitación de invitados, es decir, cualquier cosa que hayamos postergado en favor de otros quehaceres más urgentes o placenteros. Todos tenemos tareas y objetivos que intentamos posponer... o evitar totalmente.

De procrastinador a productor

El hábito de la procrastinación atrapa a las personas en un círculo vicioso: agobiarse, sentirse presionado, temer el fracaso, esforzarse más, trabajar más horas, estar resentido, perder la motivación y, finalmente, procrastinar. El círculo empieza con la presión de estar agobiado y acaba con el intento de huir a través de la procrastinación. Mientras estás atrapado en este círculo, no hay salida. Ni siquiera puedes disfrutar de los beneficios regeneradores y creativos que te darían los ratos de ocio libres de culpa. De pronto, cualquier momento que dedicas al ocio —e incluso el tiempo que dedicas a trabajos más placenteros— te causa la incómoda sensación de que estás eludiendo lo que realmente deberías estar haciendo. Así, la procrastinación afecta negativamente tu manera de pensar y de sentirte respecto del trabajo, el ocio, tú mismo y tus posibilidades de triunfar, y pasa a formar parte de tu identidad.

En cambio, tienes la opción de cultivar el hábito del *Hazlo ahora*: la capacidad de dejar de lado el temor al fracaso, el pánico de sentirte agobiado y el escaso amor propio, y de centrar tu mente en lo que puedes poner en marcha ahora. Las técnicas y estrategias del programa *Hazlo ahora* te permitirán verte a ti mismo como un productor, sentirte como una persona productiva y actuar como alguien que produce.

Una nueva definición de la procrastinación

Hay docenas de libros que ofrecen teorías de psicología popular sobre los motivos que llevan a las personas a procrastinar. Estimulan la autocrítica a base de poner nuevas etiquetas negativas, y te dan a entender que eres vago mediante nuevas peticiones de disciplina y organización. Pero hay una gran diferencia entre limitarse a diagnosticar aquello que está mal y ofrecer un sistema que permita corregirlo. La gente que lleva años postergando importantes objetivos de su vida ya está lo bastante acostumbrada a hacer autocrítica. Lo que necesitan son técnicas prácticas y positivas para superar los obstáculos que la hacen tropezar y para poder seguir adelante hacia la consecución de sus metas.

Hay libros que ofrecen consejos prosaicos como «divídelo en tareas más pequeñas» o «establece tus prioridades». Eso ya lo sabes. Has oído los consejos, tienes los conocimientos... incluso puede que hayas pagado un alto precio por ellos. Pero este tipo de consejo no es útil porque no va al fondo del problema: tú ya harías esas cosas si pudieras, si fuese así de sencillo.

La gente no aplaza las cosas por el mero hecho de ser tercos como mulas o por ser irracionales. Las aplazamos porque tiene sentido hacerlo si se considera nuestra vulnerabilidad a las críticas, al fracaso y al propio perfeccionismo.

Para superar la procrastinación necesitas una actitud positiva respecto al espíritu humano. La motivación y la curiosidad inherentes al espíritu fueron lo que nos sacó de las cavernas y nos llevó a vivir en apartamentos confortables, lo que nos arrancó de la seguridad de avanzar a cuatro patas para asumir los riesgos de ponernos de pie y echar a andar. El espíritu humano nos lleva a lo que el psicólogo Abraham Maslow llamó nuestra «necesidad de hacer un trabajo con sentido, de asumir responsabilidad, de desplegar creatividad». Si podemos aprovecharlo, aliviará los miedos que provocan la procrastinación y nos abrirá unos horizontes totalmente nuevos para los logros humanos.

Hazlo ahora se basa en el hecho de que, en algún apartado de tu vida, hay actividades de ocio y formas de trabajo que eliges hacer sin vacilar un segundo. Tú eres algo más que «un procrastinador». No te dedicas las veinticuatro horas del día a dejar temas de lado. Cuando pones tu mirada en algo que te gusta hacer —actividades que fomentan tu espontaneidad, tu motivación y tu curiosidad—, sabes que eres algo más que un procrastinador, más que un simple perezoso. Con estas experiencias puedes empezar a deshacerte de tu identidad como procrastinador y reconectarte con tu innato afán humano de producir y aportar.

Si tu formación inicial te inculcó una asociación del trabajo con el dolor y la humillación, el simple hecho de enfrentarte a una tarea intimidante o desagradable puede que te lleve a revivir todas esas críticas, no solo las de tu jefe actual, sino las de tus padres, tus antiguos jefes y tus profesores. Todas tus inseguridades resucitan en tu conciencia cada vez que piensas en trabajar en un proyecto en el que no te consideras lo bastante bueno. El dolor, el resentimiento, el miedo y el sufrimiento han acabado asociándose a ciertos tipos de tareas. Cuando la vida parece conllevar demasiadas de estas tareas es como si estuvieras viviendo con el freno de mano puesto: has perdido la motivación y dudas de tu fuerza interior para hacer las cosas. En ese punto, tu autocrítica parece justificada. Es probable que te consideres un procrastinador crónico, alguien condenado a sentir ansiedad y autorreproche cuando se enfrenta a ciertos tipos de proyectos.

Tu primer paso para romper con la procrastinación y convertirte en una persona productiva conlleva una redefinición de este hábito y una nueva manera de llegar a entender cómo y por qué lo utilizamos. La procrastinación no es la causa de nuestros problemas para completar tareas, sino que es un intento de resolver una serie de temas subyacentes como la baja autoestima, el perfeccionismo, el miedo al fracaso o al éxito, la indecisión, el desequilibrio entre trabajo y ocio, un establecimiento de objetivos ineficaz y los conceptos negativos sobre el trabajo y sobre uno mismo.

Un tratamiento exhaustivo de la procrastinación requiere enfrentarse a las necesidades subyacentes bloqueadas que provocan que esa persona recurra a aplazar sus asuntos. *Hazlo ahora* empieza por establecer una nueva definición:

> La procrastinación es un mecanismo para enfrentarse a la ansiedad asociada con iniciar o cumplir cualquier tarea o decisión.

A partir de esta definición, se deduce que los más vulnerables a la procrastinación son aquellos que se sienten más amenazados por las dificultades a la hora de poner en marcha un proyecto, por las críticas, por el fracaso y por la pérdida de otras oportunidades que puede derivarse de comprometerse con un proyecto.

Hazlo ahora

Los consejos como «hazlo y punto», «esfuérzate más» y «organízate» se basan en una vieja definición: «Tu problema es la desidia. Si no fueras tan vago, podrías hacerlo». Los padres, los maestros, los autores de manuales y los amigos bienintencionados agravan el problema añadiendo: «Es una tarea muy difícil. Vas a tener que invertir mucho esfuerzo. Esto no va en broma. Nada de amigos ni de vacaciones hasta que hayas terminado». El mensaje que transmiten es el siguiente: «La vida es aburrida y difícil. No hay tiempo para divertirse. El trabajo es horrible, pero hay que hacerlo». Este viejo patrón de vida y de trabajo es similar al de la famosa frase de Woody Allen «La vida es dura... y luego te mueres» o al de la creencia puritana «La vida es difícil y hay que aprender disciplina».

Este programa se basa en definiciones más positivas de la vida, del trabajo, del potencial humano y de la procrastinación, más en la línea de la psicología positiva de Abraham Maslow que en la de Sigmund Freud. Confía más en la naturaleza humana y, por tanto, va más allá del típico manual práctico, haciéndote ser consciente de las ansiedades más profundas relacionadas con el fracaso, el perfeccionismo y las críticas que te llevan a procrastinar.

El programa de *Hazlo ahora* hace hincapié en el tratamiento contra la autoalienación —el ir contra uno mismo— que resulta de la formación previa y los condicionamientos culturales. Corta con las suposiciones paralizantes de la ética puritana del trabajo —según la cual, lo que produces determina lo que vales— y las visiones freudianas negativas de los impulsos humanos (el yo inferior ha de ser sometido y disciplinado por la sociedad). En su lugar, *Hazlo ahora* restablece una relación con el trabajo dentro de ti que reduce los conflictos internos y te permite dedicarte plenamente a los proyectos.

Ofreciéndote los instrumentos necesarios para crear seguridad en ti mismo y un diálogo interior positivo, te ayuda a despejar el miedo a ser imperfecto y te permite asumir riesgos y ponerte en marcha cuanto antes.

Puesto que la aplicación práctica de esta filosofía positiva en las situaciones laborales es muy rara, en este libro encontrarás muy pocas referencias directas. Los fundamentos de este libro se encuentran en obras algo menos prácticas, pero esenciales, como *La bendición original*, de Matthew Fox; *El tao de la psicología*, de Shinoda Bolen; *Inteligencia emocional*, de Daniel Goleman; *La auténtica felicidad*, de Martin Seligman, y *Amar es liberarse del miedo*, de Gerald Jampolsky.

Hazlo ahora es un sistema estratégico, es decir, va más allá de los consejos de un manual práctico y presenta un plan basado en las dinámicas de la procrastinación y la motivación. El programa te enseña maneras de cambiar de chip y de dirigirte hacia un nivel de funcionamiento más alto, para así poder avanzar más rápida y eficientemente. Te enseña cómo el hecho de programar más ocio sin culpabilidad en tu vida puede atacar las causas subyacentes de la procrastinación porque reduce el resentimiento hacia el trabajo, lo cual facilita luego el ponerse a trabajar, mejora la calidad del trabajo y potencia la motivación. Esta estrategia te permite trabajar prácticamente sin estrés y disfrutar de tu tiempo de ocio sin culpabilidad. El programa *Hazlo ahora* te proporciona diez potentes herramientas para superar la procrastinación:

1. **Crear seguridad** te enseñará a tender una red de seguridad psicológica debajo de tu actuación en la cuerda floja para que puedas reducir el miedo al fracaso y aprender a recuperarte de los errores con un impulso renovado.
2. **Reprogramar las actitudes negativas a través de un diálogo interior positivo** te ayudará a identificar los mensajes negativos que te envías a ti mismo y a descubrir cómo te afectan desfavorablemente, al tiempo que los sustituirá por fórmulas positivas que canalizan tu energía hacia pensamientos orientados a la acción y a la resolución rápida.
3. **Usar el síntoma para desencadenar la cura** te enseñará la manera de utilizar los antiguos hábitos para evocar y reforzar la formación de hábitos nuevos y positivos.
4. **El ocio sin culpa** te enseñará a programar estratégicamente tus momentos de ocio para trasladar tu concentración del trabajo al juego, creando así una necesidad subconsciente de volver al trabajo.
5. **El pensamiento tridimensional y el calendario inverso** te mostrarán cómo puedes controlar el pánico a estar abrumado por las tareas importantes gracias a la elaboración de un calendario paso a paso de tu recorrido hasta el cumplimiento, con el tiempo adecuado para descansar y poder apreciar tus logros con calma.
6. **Hacer que las preocupaciones funcionen a tu favor** te enseñará a desarrollar planes para controlar las distracciones y, además, te ayudará a conseguir tus metas y a reforzar tu capacidad de enfrentarte a lo peor que podría ocurrir.
7. **La no agenda** te permitirá ver la libertad que te espera a través del ocio sin culpa que programas de antemano, creará una imagen realista del tiempo disponi-

ble y finalmente te aportará un cronómetro interno para registrar el tiempo de calidad que dedicas a los proyectos, para que así puedas ver lo mucho que has conseguido.

8. **Establecer objetivos razonables** te ayudará a liberar la mente de metas que te hacen sentir culpable y que en ese momento no son factibles, y dirigirá tus energías hacia las pocas metas válidas que sí merecen tu atención.
9. **Trabajar en un estado de fluidez** te llevará más allá del estrés y de la baja motivación hasta un estado de energía, interés y concentración canalizado en un máximo de dos minutos, haciéndote saber que, sea como sea que te haga sentir tu proyecto, en pocos momentos estarás trabajando a un nivel de máxima productividad y creatividad.
10. **El control de las dificultades** te preparará para que puedas convertir rápidamente los reveses en oportunidades, anticipar la tentación de procrastinar e imponer la perseverancia en tu plan global para lograr objetivos.

Espera un cambio milagroso

Aunque muchas de las estrategias aquí descritas no son nuevas, lo que sí encontrarás nuevo, e incluso revolucionario, es que finalmente dispondrás de los medios para aplicar estas potentes estrategias a los asuntos prácticos de tu vida. Armado con técnicas para concentrarte en los resultados y para reconocer y evitar antiguos obstáculos, te sorprenderás con una actitud positiva y segura ante situaciones que antes te generaban estrés y desidia. Incluso descubrirás que te sientes menos crítico y te muestras más dispuesto a colaborar contigo mismo, más capaz de reemplazar las antiguas críticas con directrices positivas y orientadas al trabajo, así como de volver a encauzar la frustración de la procrastinación hacia una productividad positiva.

Desde que terminé mi programa de doctorado hace treinta años, he trabajado con miles de pacientes y cientos de organizaciones en la creación de una estrategia que ha ayudado a los participantes a mejorar espectacularmente su rendimiento, a liberarse de la conducta destructiva y a potenciar la autoestima y la confianza. He aplicado las herramientas de *Hazlo ahora* con el fin de encontrar el tiempo necesario para escribir artículos destinados a *The New England Journal of Medicine*, *Science Digest* y *Reader's Digest*, y gracias a ellas he podido publicar cuatro libros, redactados en entre quince y veinte horas «de calidad» semanales, mientras mantenía el compromiso de dedicar tiempo «sin culpabilidad» a los amigos, a la familia y al entrenamiento necesario para correr tres medias maratones. Este mismo sistema ha sido aplicado con éxito por pacientes que se consideraban procrastinadores recalcitrantes.

No nos sentiremos culpables de la vieja queja de Mark Twain: «Todos hablan del mal tiempo pero nadie hace nada para arreglarlo». Aunque no podemos hacer mucho por cambiar el tiempo que hace, sí podemos empezar hoy mismo a hacer algo con la procrastinación.

El programa *Hazlo ahora* para un trabajo de calidad y un ocio sin culpabilidad ha funcionado para mí y para mis pacientes y los participantes en mis seminarios. ¡Y también puede funcionar para ti!

1

Por qué procrastinamos

> El individuo sano anhela una actividad fructífera y una buena calidad de vida.
>
> GEORGE BERNARD SHAW

Tu programa estratégico empieza por identificar tus patrones de procrastinación, de modo que puedas aplicar las técnicas apropiadas para reemplazarlos con los patrones de trabajo efectivo de las personas productivas.

SÍNTOMAS DE ALARMA DE LA PROCRASTINACIÓN

Estos seis síntomas de alarma te ayudarán a determinar rápidamente si tienes dificultades significativas con la procrastinación o con el logro de objetivos, o si posees hábitos ineficientes de trabajo:

1. **¿Tienes la sensación de que la vida es una larga serie de obligaciones que no pueden cumplirse?**

- ¿Tienes una larga lista de «cosas pendientes» imposible de realizar?
- ¿Te hablas a ti mismo con frases del tipo «tengo que» y «debería»?
- ¿Te sientes impotente, con la sensación de que no tienes alternativas?
- ¿Te sientes inquieto, presionado, siempre temeroso y atrapado en la procrastinación?
- ¿Padeces insomnio y tienes problemas para relajarte por la noche, durante los fines de semana y cuando estás de vacaciones (si es que realmente te vas de vacaciones)?

2. **¿Eres poco realista con el tiempo?**
    - ¿Hablas siempre de empezar proyectos con términos vagos, como «algún día de la semana que viene» o «en otoño»?
    - ¿Pierdes la noción de a qué dedicas el tiempo?
    - ¿Tienes una agenda vacía sin una idea clara y precisa de los compromisos, planes, objetivos intermedios y fechas de entrega?
    - ¿Llegas tarde de manera crónica a las reuniones y las comidas de trabajo?
    - ¿Te olvidas de tener en cuenta el tiempo que te lleva cruzar la ciudad en hora punta?

3. **¿Tienes una actitud vaga sobre tus objetivos y valores?**
    - ¿Te resulta difícil mantener el compromiso con una persona o un proyecto?
    - ¿Te cuesta saber lo que realmente *quieres* para ti mismo, pero tienes claro lo que *deberías* querer?
    - ¿Te distraes fácilmente de un objetivo por culpa de otro plan que parece carecer de obstáculos y problemas?

- ¿Eres incapaz de diferenciar entre la manera más importante de invertir tu tiempo y la menos importante?

4. **¿Te sientes insatisfecho, frustrado o deprimido?**
   - ¿Tienes objetivos en la vida que jamás has logrado o ni siquiera has intentado?
   - ¿Temes ser un eterno procrastinador?
   - ¿Sientes que no estás nunca satisfecho con lo que logras?
   - ¿Sientes que te faltan cosas, que siempre estás trabajando o te culpas por no estar haciéndolo?
   - ¿Te preguntas continuamente por qué has hecho las cosas o qué es lo que te falla?

5. **¿Eres indeciso y temes ser criticado por equivocarte?**
   - ¿Retrasas el cumplimiento de proyectos porque intentas que sean perfectos?
   - ¿Temes asumir la responsabilidad de las decisiones porque temes que te señalen si algo va mal?
   - ¿Exiges la perfección hasta en las tareas menos importantes?
   - ¿Esperas estar por encima de los errores y las críticas?
   - ¿Te preocupas sin cesar sobre lo que ocurrirá si algo sale mal?

6. **¿Te impiden tu escasa autoestima y tu falta de confianza ser productivo?**
   - ¿Buscas fuera a los culpables de tus errores porque temes admitir tus deficiencias?
   - ¿Crees que «eres lo que haces» o que «eres tu valor neto»?

- ¿Sientes que mantienes un control poco efectivo sobre tu vida?
- ¿Temes que te juzguen y que te pongan en evidencia?

Si te identificas con la mayoría de estas categorías, es muy probable que ya seas consciente de tus problemas reales de procrastinación, de gestión del tiempo o de adicción al trabajo. Si reconoces solo algunos de estos síntomas de alarma, puede que estés procrastinando en algunas áreas de tu vida, pero que conserves el control en la mayoría.

Si alguna vez te has quedado atrapado en un círculo de procrastinación, ya sabes el precio personal que acarrea: perder fechas límite de entrega de solicitudes laborales o académicas, perder ventas por no haberlas seguido con llamadas y perder amistades debido a los permanentes retrasos y cancelaciones de planes. Pero incluso si evitas estos extremos y cumples responsablemente con las obligaciones y fechas límite, puede que sigas teniendo algún problema con la procrastinación. El hecho es que la mayoría de los que nos consideramos procrastinadores cumplimos con las fechas y logramos evitar las sanciones graves, pero nos sentimos tan apresurados, tan presionados y tan infelices con los resultados que debemos admitir que tenemos dificultades desorbitadas ante cualquier actividad que nos asusta o nos desagrada. Nuestra verdadera angustia proviene de la constante ansiedad por postergar, del sentimiento de culpa derivado de la calidad inferior de los proyectos llevados a cabo en el último minuto y del fuerte remordimiento que nos produce dejar escapar las oportunidades de la vida.

Una visión positiva del espíritu humano

«¿Por qué procrastinas?» La respuesta más frecuente a esta pregunta es «Porque soy vago». Sin embargo, hasta los peores procrastinadores demuestran motivación y energía en algunas áreas de su vida: deportes, aficiones, lectura, el cuidado de los demás, música, baile, discusiones políticas, inversiones, navegar por internet o jardinería. Los llamados procrastinadores se encuentran en cualquier modalidad de la vida, consiguiendo mucho más en los terrenos a los que han decidido consagrar su tiempo, pero totalmente incapaces de ponerse en marcha en otros.

La perspectiva de *Hazlo ahora* no acepta la pereza, la desorganización o cualquier otro defecto de carácter como causa de la procrastinación. Tampoco acepta la suposición de que la gente en general es perezosa de manera innata y, por lo tanto, hay que presionarla para motivarla.

El programa de *Hazlo ahora* se basa en la psicología positiva del doctor Martin Seligman, a partir de lo que la doctora Suzanne Kobasa —de la Universidad de Chicago— llama «las orientaciones psicológicas que ponen énfasis en la iniciativa y la resistencia humanas». Sus investigaciones sobre la personalidad resistente concluyen que las interpretaciones más optimistas del funcionamiento humano son ignoradas a menudo por las teorías sobre cómo la gente sale adelante. Asimismo, en *Anatomía de una enfermedad o la voluntad de vivir* y *Principios de autocuración*, el ya desaparecido Norman Cousins advertía de que la medicina moderna prácticamente ha ignorado los aspectos positivos del resistente sistema curativo del cuerpo y ha preferido centrarse en la enfermedad. Cousins afirmaba que el humor y las emociones y los pensamientos positivos tienen un potencial sanador. *Hazlo ahora* aplica una actitud positiva parecida del espíritu humano al problema de la procrastinación.

Quizá te preguntes: si la naturaleza humana tiene esta capacidad de ser tan positiva y activa, ¿por qué procrastinamos? Una explicación la ofrece Denis Waitley, el autor de *The Psychology of Winning* y de *The Joy of Working*, que define la procrastinación como una «forma neurótica de comportamiento autodefensivo» orientada a proteger la propia valía personal, es decir, procrastinamos cuando tememos una amenaza a nuestra idea de valía e independencia. Solo actuamos con pereza cuando nuestro instinto natural hacia la actividad productiva está amenazado o suprimido. «Nadie lo hace para sentirse mal —dice Waitley—, sino para aliviar temporalmente temores internos profundos.»

¿Cuáles son los profundos temores internos que nos llevan a refugiarnos en estas formas tan poco productivas de alivio?

El doctor Theodore Rubin, en su libro *Compassion and Self-Hate*, sugiere que el miedo al fracaso, el miedo a ser imperfectos (perfeccionismo) y el miedo a las expectativas imposibles (estar abrumado) es lo que nos impide activarnos y alcanzar metas y relaciones humanamente posibles. El miedo al fracaso supone que crees que hasta el más mínimo error podría significar que eres una persona inútil y horrible. Tener miedo a ser imperfecto significa que te resulta difícil aceptarte tal y como eres —imperfecto y, por lo tanto, perfectamente humano—, de modo que interpretas cualquier crítica, rechazo o juicio de los demás como una amenaza a tu muy dudosa percepción de la perfección. Temer las expectativas imposibles significa temer que, aunque hayas trabajado duro y hayas alcanzado las metas que se te pedían, tu única recompensa será tener continuamente objetivos más altos y más difíciles, sin descanso y sin tiempo para saborear tus victorias.

Estos temores, según el doctor Rubin, nos impiden alcanzar un estado vital en el que sintamos *ahora* compasión y respeto hacia nosotros mismos, es decir, por quien somos y por donde estamos en este preciso momento. Esta compasión hacia nosotros mismos es básica para superar las causas subyacentes de la procrastinación. Significa entender que la procrastinación *no* es un defecto de carácter, sino más bien un intento —aunque insatisfactorio— de enfrentarnos con el miedo que nos atenaza a menudo cuando sentimos cuestionada nuestra valía.

El miedo a ser juzgado es el miedo clave que surge de una identificación exagerada de quien eres, de tu valor como persona, con tu trabajo. De este miedo se deriva el impulso contraproducente hacia el perfeccionismo, la autocrítica severa y el miedo a tener que privarte de tu tiempo de ocio para satisfacer a algún juez invisible.

Somos nuestro peor crítico

Apostada nerviosamente en el sofá de mi sala de espera había una mujer joven que parecía más bien una niña pequeña y desorientada. Se aferraba con fuerza a su bolso y se sentaba arrebujada hacia delante en la punta del asiento, como si le doliera algo. Cuando dije su nombre, Clare se animó e intentó sonreír, pero la sonrisa le salió forzada y ansiosa. Al levantarse, pude ver que Clare era una mujer alta y bien vestida de casi treinta años, capaz de despojarse de su apariencia infantil y adoptar la apariencia de su verdadera edad y estatura.

Una vez llegamos a mi consulta, Clare recuperó su postura aniñada. Encorvada, me explicó con voz sumisa: «Puede que me echen del trabajo. He recibido una mala evaluación de mi rendimiento: si no mejoro, me despedirán. Me siento fatal. En toda mi vida no he fracasado nunca».

Este trabajo era para Clare su primer puesto de responsabilidad, un puesto prometedor en una empresa del sector del marketing de productos médicos que estaba creciendo rápidamente. Durante más de treinta minutos me estuvo explicando sus problemas con la procrastinación: una historia hecha de vergüenza, humillación y autodesdén, ansiedad constante, la sensación permanente de haber perdido el control, incumplimientos de calendario y proyectos completados a toda prisa que no dejaban tiempo para comprobar errores evidentes.

«Sencillamente, no era capaz de enfrentarme a todas sus exigencias. Querían que aprendiera tantas cosas —me explicó Clare—. Había interrupciones continuas y ninguna directriz clara. No sabía lo que esperaban de mí. Me sentía tan estúpida e incompetente... Al cabo de un tiempo, ni siquiera era capaz de ponerme en marcha, aunque realmente quisiera hacerlo. Tenía tanto miedo de equivocarme. Cada vez que intentaba iniciar alguno de mis proyectos, oía la voz de mi jefe diciéndome que lo hiciera bien y recordándome lo importante que era. Mi manera de hacer las cosas era tan distinta a la de él.

»Cuando me dieron el trabajo, todos estaban ansiosos por verme empezar. Había mucho trabajo atrasado de Janet, la persona que antes desempeñaba mi cargo. Pero apenas había empezado a familiarizarme con él —desarrollando mis propias ideas—, alguien venía a preguntarme qué tal me iba. Si les enseñaba lo que estaba haciendo, se ponían a decir lo difícil que sería llenar el vacío que Janet había dejado. Al cabo de un tiempo dejé de pedir ayuda y de mostrar mi trabajo a nadie. Cuando me quedaba bloqueada con algo, me ponía tan nerviosa y me deprimía tanto que, simplemente, optaba por dejarlo de lado, irme a tomar un café y ponerme a hablar del tiempo con alguien... cualquier cosa para intentar disipar los nervios.

»Pero mi problema no había empezado en este trabajo. La procrastinación no es nueva para mí. Es un problema que tengo desde la escuela primaria. Sabía que mis problemas de procrastinación acabarían por agobiarme. Tengo una úlcera que arrastro desde el instituto. Ya entonces me preocupaba entregar un trabajo y que me dijeran que era mediocre... o simplemente del montón.»

Cuando Clare pronunció las palabras «mediocre» y «del montón», una expresión de disgusto inundó su rostro. Decidí que era un buen momento para interrumpirla. Había pasado bastante rato describiéndose como la víctima y la niña asustada e indefensa, pero en aquel momento acababa de convertirse en juez y había emitido una crítica. No eran roles muy positivos, pero sí tenían más energía y potencial de movimiento que su parte devastada por una evaluación de rendimiento negativa.

«Para ti, "ser del montón" es algo bastante horrible, ¿no, Clare? —le pregunté—. Te hace sentir desgraciada, como si fueras una inútil. Parece que puedes ser muy dura contigo misma. Esperas que todo lo que produces sea superior, tal vez incluso perfecto, y cuando no lo es, te disgustas contigo misma. Es como si tus proyectos se convirtieran en algo más que trabajo del que hay que ocuparse; para ti son un reflejo de lo que vales como persona. Apuesto a que cuando tu trabajo es tachado de «medio», te dices a ti misma que eres mala, como si *tú* —y no simplemente tu trabajo— estuvieras siendo juzgada. ¿Dónde aprendiste a hablarte así a ti misma?»

Mi pregunta desconcertó a Clare, e hizo una pausa antes de responder: «Es así desde que tengo uso de razón. Me educaron para creer que debes ser el mejor en todo lo que emprendes; cualquier cosa por debajo de esto equivale a fracasar. Si fracasaba, me sentiría como una fracasada».

Luego Clare me contó dónde había aprendido a considerarse a sí misma mitad juez, mitad niña perezosa. «Soy la menor de cuatro hermanos. Mis dos hermanos y mi hermana son bastante triunfadores; por supuesto, mi padre *realmente* es un gran triunfador y muy rico, y mi madre es una persona amada y que lo hace todo muy bien. Siempre he tenido la sensación de que debía jugar a atraparlos pero que nunca podría porque ellos eran siempre mucho mejores que yo en todo. Creo que me habría gustado estudiar Medicina, pero es una carrera muy competitiva y mi hermano mayor ya la había elegido. Desde que soy capaz de recordar, todos se reían de mí cuando les pedía ayuda con los deberes. Siempre se esperaba de mí que lo hiciera todo bien y que no tuviera problemas. Supongo que creían que me estaban enseñando lo brillante que era. Nunca recibí halagos por mis logros, ni siquiera cuando me había esforzado mucho. Pero, en cambio, me criticaban mucho cuando fallaba y sacaba un notable en Historia, por ejemplo. Siempre tuve la sensación de que había alguien vigilándome, preocupada por lo bien que lo hacía y lo lista que era.

»Toda la vida me han dicho que tenía que ser muy disciplinada si quería ser muy buena en piano, en ballet, en ciencias... Sentía que debía esforzarme por hacer todas estas cosas, a pesar de que realmente tenía ganas de ir a jugar con el resto de niños. Para mis padres parecía ser muy importante que fuera buena en algo especial. Yo quería hacerles felices, de modo que me esforzaba mucho *por ellos*. Y lo he hecho bien, pero nunca he hecho nada muy especial. Nunca he sido nadie de quien pudieran estar orgullosos. Por mucho que me esforzara, en los exámenes y en las entrevistas me he puesto siempre tan nerviosa que nunca he podido dar lo mejor de mí. Siempre he tenido la sensación de que, si no hubiera habido tanta presión —simplemente, un poco más de tiempo—, lo podría hacer realmente bien. Pero siempre acabo con un resultado medio. Odio ser de la media. ¿Pero no es eso lo que nos pasa a todos?»

Este patrón familiar inicial es típico de muchos procrastinadores. A menudo se les ha privado de halagos porque «se les podrían subir a la cabeza», lo cual como niños los dejó con la sensación de que sus esfuerzos *no eran nunca lo bastante buenos*. Parecen no haber encontrado la manera de complacer a sus padres o maestros. Muy pronto en la vida han aprendido que lo único que pueden esperar al acabar un proyecto son críticas o la llamada crítica constructiva sobre cómo podrían mejorarlo. El mensaje que se les ha comunicado con claridad es: «Para ti no hay descanso. Siempre tendrás que seguir intentándolo. La vida y el trabajo son difíciles; no lo tendrás fácil; te queda mucho por hacer antes de obtener un descanso merecido; será mejor que te acostumbres a las cosas difíciles porque la vida del adulto es todavía peor que la del niño; y mientras estás por ahí divirtiéndote siempre hay una catástrofe acechándote tras la esquina, con ganas de sorprenderte».

Su educación inicial inculcó a Clare la idea de que una parte de ella era perezosa y de que esa parte necesitaba disciplina, presión y amenazas para hacer todo el trabajo complicado que la esperaba. Aprendió a asumir que una parte autoritaria y crítica de ella debía presionar y amenazar a su otro yo infantil y perezoso. Para Clare, estar en conflicto constante con ella misma era la única manera de existir que conocía. Quise desafiar al menos dos de los supuestos contraproducentes que la historia de Clare encerraba: la sensación de que *ella* debía forzarse *a sí misma* —que había la necesidad de un conflicto interno— y que este conflicto constante es normal, como si todo el mundo viviese así, como si ser perezoso fuera inherente a la naturaleza humana.

«Creo que es así para mucha gente, Clare —le dije—, pero, créeme, no lo es para todo el mundo. Y no creo que para ti siempre haya sido así. Apuesto que, en algún momento, cuando eras pequeña, todo lo que hacías estaba simplemente bien, perfecto, de hecho. Cada sonido que emitías era recibido con aplausos y una mirada de ánimo..., una sonrisa que te daba la confianza de que todo iría bien. Todos te daban el tiempo necesario para que aprendieras a tu manera, a tu ritmo, diciéndote intrínsecamente: "Te queremos exactamente por cómo eres".»

A Clare se le llenaron los ojos de lágrimas, sollozó y luego se disculpó: «Lo siento, no quería llorar. Me había prometido que no lloraría. Me siento tan idiota..., ni siquiera sé por qué lloro».

«¿No será que llevabas mucho tiempo sin sentir que te aceptan sin condiciones? —le pregunté—. Tal vez también hace mucho tiempo que *tú* misma no te aceptabas. Date cuenta de lo rápido que has sacado esta voz crítica que dice "Llorar es idiota. No hay un motivo lógico para llorar. Deja de hacerlo y discúlpate". Has aprendido esta voz muy bien, quizá demasiado bien. ¿Dónde aprendiste a hablarte de esta manera tan dura y crítica?»

Quería alertar a Clare de la negatividad de su discurso interior, que a la larga ella podría aprender a controlar, aunque no pudiera hacerlo con lo que los demás le decían. Sentirse la víctima había llegado a formar parte de su identidad, hasta tal punto que sencillamente asumía que esa voz crítica provenía del exterior y no de su interior. Le pedí que se diese cuenta de que ella misma era el juez autoritario. Le expliqué a Clare que probablemente había adquirido aquella voz exigente como un intento de asegurarse la aceptación de sus padres. Para hacerlo, tenía que aceptar la suposición de ellos de que una parte de ella podía ser mala y de que necesitaría una presión y una vigilancia constantes para funcionar, incluso cuando no quisiera hacerlo. Así, Clare había aprendido a hablarse *a sí misma* no como unos padres cariñosos, sino como un juez amenazante y parental.

Los problemas de Clare son ejemplos básicos de las consecuencias de lo que Alice Miller, en su libro *Por tu propio bien: raíces de la violencia en la educación del niño*, llama «pedagogía venenosa», que inculca al niño una baja autoestima y actitudes negativas hacia el trabajo. Clare había adquirido sus actitudes sobre el trabajo y sobre sus capacidades cuando era demasiado joven para pensar por ella misma. Ahora que estaba en la edad adulta, quería que decidiera conscientemente qué actitudes y asunciones tenían sentido para ella.

También pensé que para ella era importante conocer las teorías en que yo basaba mi enfoque de sus problemas. Le expliqué que mi obra se asentaba en una actitud positiva hacia el espíritu humano, en la creencia de que el trabajo y la mejora son tendencias naturales en el cuerpo y la mente humanos y que problemas como la procrastinación suelen surgir directamente de la supresión de este impulso.

Una vez hubimos redefinido algunas de las premisas básicas sobre el trabajo y la procrastinación en nuestra primera sesión, el paso siguiente era descubrir las asunciones negativas que subyacían a la procrastinación de Clare. Le pedí que, durante unos días, anotara el cuándo y el porqué de sus aplazamientos, para que así adquiriera consciencia de cuándo sus antiguas asunciones tenían más tendencia a conducirla a patrones negativos. Cuando se encontrara procrastinando, debía ser consciente de que recurría a este hábito como vía de escape de su conflicto interno y de su ansiedad.

A partir de las anotaciones de su diario, Clare hizo una lista de sus afirmaciones negativas más frecuentes. A partir de esta lista elaboramos una serie de retos positivos para reemplazarlas y para reorientar su concentración hacia la tarea que tenía delante, en lugar de hacia las dudas sobre su capacidad o su valía.

Todavía nos quedaba mucho trabajo hasta reconstruir la confianza de Clare y prepararla para enfrentarse a las respuestas negativas de su jefe, pero una vez tuvo asumida la estrategia que la liberaba de su peor crítico —ella misma—, pudimos combatir su resistencia a la autoridad, su miedo al fracaso, su perfeccionismo y su miedo al éxito.

Con el uso del sistema de *Hazlo ahora*, Clare superó su imagen de sí misma como procrastinadora. Fue capaz de centrarse en sus logros, sus puntos fuertes, su apetito innato por el trabajo de calidad, su curiosidad intelectual y su deseo de mejorar cualquier situación en la que se encontrara. Una vez se convirtió en su propia fuente de aprobación, Clare se hizo menos dependiente de las críticas de los demás sobre su valía y fue capaz de enfrentarse al trabajo sin procrastinar. Había desaprendido su necesidad de procrastinar y ahora podía empezar a pensar, sentir y actuar como una persona productiva.

La procrastinación es gratificante

En mi trabajo con miles de procrastinadores he descubierto que hay un motivo principal por el que procrastinamos: nos libera *temporalmente* del estrés. Clare, por ejemplo, que tenía tantos motivos subyacentes para refugiarse en la procrastinación, había aprendido a procrastinar porque reducía de manera efectiva su miedo a ser juzgada.

El principal motivo por el cual adquirimos cualquier hábito, como los doctores Frederick Kanfer y Jeanne Phillips explican en su libro *Learning Foundations of Behaviour Therapy*, es que hasta un hábito aparentemente contraproducente como la procrastinación viene seguido de algún tipo de gratificación inmediata. La procrastinación reduce la tensión porque nos aleja de algo que consideramos doloroso o amenazante. Cuanto más penoso te sea el trabajo, más intentarás escapar de él esquivándolo o dedicándote a actividades más placenteras. Cuanto más sientas que el trabajo interminable te priva del placer del ocio, más lo evitarás.

De alguna manera, nos hacemos adictos a la procrastinación como vía de reducir temporalmente la ansiedad asociada a determinadas tareas. Si se demuestra que el trabajo que pensábamos hacer más adelante era innecesario, tendremos una justificación y una doble gratificación a nuestra procrastinación. No solo la hemos usado para soportar nuestros miedos, sino que además hemos descubierto que es una manera de conservar la energía. Aprendemos que hay situaciones en las que procrastinar tiene sentido y además hasta nos vemos recompensados por ello.

Hay muchas maneras en las que una postergación normal es gratificada y se asume como una manera de resolver los problemas:

- De vez en cuando, una tarea aburrida postergada la acaba asumiendo otra persona.
- Si retrasas lo bastante tu decisión de compra de un producto, a la larga acabará recompensándote con una rebaja del precio o pasando de moda.
- Hay muchas veces en las que la procrastinación no se paga; de hecho, casi todos recordamos algún momento en la infancia en el que experimentamos una gran ansiedad por no haber estudiado para un examen, solo para que al final toda esa enorme tensión se viera liberada por la noticia de que una tormenta o una huelga había obligado a cerrar la escuela. Eso nos enseñó a procrastinar con la esperanza de que ese milagro volviera a ocurrir.
- Cuando te tomabas un poco de tiempo para calmarte, eras capaz de evitar graves discusiones con tus padres, profesores, jefes y amigos.
- Las decisiones difíciles se pueden llegar a resolver por sí solas si esperas que te llegue información adicional o permites que pasen las oportunidades.

En general, nos enseñan que la procrastinación es el problema, y no un síntoma de otros problemas. Por desgracia, este diagnóstico —en lugar de canalizar tus esfuerzos hacia acabar con el círculo de presión, miedo y procrastinación— agrava las cosas culpándote de haber optado por este horrible hábito. Los expertos, tus jefes y tus amigos te dicen: «Tienes que organizarte. Simplemente, hazlo». Y pruebas docenas de horarios y métodos para asustarte y ponerte en marcha, con resultados marginales, porque esos métodos atacan la procrastinación —y a ti mismo, como «procrastinador»—, pero no los problemas que te llevaron inicialmente a postergar.

Cuando identificamos nuestra valía con nuestro trabajo («Soy lo que hago»), somos naturalmente reticentes a enfrentarnos a retos y a asumir riesgos sin defensas autoprotectoras. Si asumes una crítica a tu trabajo como una crítica a ti mismo, entonces el perfeccionismo, la autocrítica y la procrastinación son formas necesarias de protección. Ante tu vacilación a empezar o completar un proyecto, tus supervisores y los miembros de tu familia —a menudo con buena intención— añaden ánimos, presión y amenazas para conseguir que te pongas en marcha. A medida que se alimenta el conflicto entre tus miedos internos al fracaso o a la imperfección y las exigencias de los demás, buscas auxilio en la procrastinación. Esto puede llevarte a un círculo pernicioso:

exigencia de perfección → miedo al fracaso → PROCRASTINACIÓN → autocrítica → ansiedad y depresión → pérdida de confianza → mayor temor al fracaso → mayor necesidad de usar la PROCRASTINACIÓN como escape temporal.

La procrastinación no es lo que desencadena el patrón. Desde el punto de vista del programa de *Hazlo ahora*, la procrastinación deriva de las exigencias de perfección o abrumadoras y del miedo a que hasta los errores más nimios comporten críticas demoledoras y el fracaso.

Podemos hacernos adictos a las recompensas de la procrastinación, aprendiendo a utilizarla de tres maneras principales:

1. Como una forma indirecta de resistir la presión de la autoridad.
2. Como forma de aliviar el miedo al fracaso, dándonos una excusa para un resultado decepcionante y menos que perfecto.
3. Como defensa contra el miedo al éxito, impidiéndonos dar lo mejor de nosotros mismos.

Mientras consideramos con mayor profundidad estas razones principales para procrastinar, advierte cuáles de ellas revelan las causas subyacentes de tus propios patrones de procrastinación.

La procrastinación puede expresar resentimiento

Puedes utilizar la procrastinación para vengarte de las poderosas autoridades que te colocan en situaciones en las cuales todas tus alternativas parecen negativas. Paga tus facturas o irás a la cárcel, renuncia a tus vacaciones o perderás el trabajo. En situaciones así, la procrastinación refleja tu resentimiento ante las autoridades que te colocan ante estos dilemas de perdedor. Te hacen sentir como una víctima cuya vida está controlada por otros que dictan las normas. Y afirmas tu rechazo a aceptar las normas hablando de las tareas desagradables con el mantra de la víctima: «Tengo que hacerlo. Tengo que pagar el comprobante del aparcamiento. Tengo que acabar la presentación para el viernes. Pero si yo mandara, no lo haría. Si yo fuera Dios, no habría comprobantes de aparcamiento.»

Como víctima impotente sientes que no te puedes rebelar abiertamente, porque eso significaría arriesgarte a asumir las consecuencias probables (rabia y castigo), además de perder los beneficios secundarios del papel de víctima (la pretendida superioridad moral del martirio). Pero procrastinar es tu manera temporal y secreta de destronar la autoridad. Puedes resistirte arrastrando los pies y ofreciendo tu esfuerzo a regañadientes. Si te encuentras en una posición de inferioridad —como un estudiante, un subordinado o un soldado raso—, la procrastinación puede ser la manera más segura de ejercer un poco de poder y control sobre tu vida. A los pacientes postrados en una cama, que parecen totalmente indefensos respecto del personal del hospital, pocas veces se les da la oportunidad de ejercer el control sobre sus vidas. En su búsqueda de alguna pequeña manera de expresarse en un entorno tan controlado como el hospital, procrastinan con la toma de medicamentos, quejándose de la comida o negándose a *cumplir* las órdenes de los médicos. Los trabajadores de la cadena de montaje y los administrativos más básicos de la jerarquía industrial son famosos por expresar su resistencia a los jefes dictatoriales trabajando con lentitud, mostrándose reticentes a la iniciativa, siguiendo las órdenes al pie de la letra e, incluso, saboteando las cadenas de producción.

Larry, de cincuenta y cinco años de edad y supervisor de producción en una empresa que fabrica discos compactos, utilizaba la procrastinación para compensar las injusticias cometidas por su jefe. A Larry le habían negado varias veces el ascenso y, con los años, desarrolló un sentimiento de amargura hacia la gente más joven que obtenía ascensos mientras él parecía destinado a permanecer en el mismo nivel. Larry no se daba cuenta de lo enfadado que estaba con Bill, el jefe de planta, pero sabía que no podía expresar *directamente* sus sentimientos por miedo a «explotar, decirle todo lo que pienso y luego perder el trabajo». Se sentía atrapado y solucionaba de manera temporal sus problemas procrastinando, como manera indirecta de expresar su resentimiento e impotencia. Sin ser totalmente consciente de lo que hacía, Larry empezó a ignorar las peticiones de informes y cuentas que Bill le hacía. Se «olvidaba», lo «perdía» o se «sentía enfermo» cada vez que le pedían que hiciera algo para su jefe.

La procrastinación y la pereza parecían las causas de sus problemas, pero eran solo sus intentos superficiales de gestionar su resentimiento y su dolor. Larry se sentía impotente y atrapado: demasiado mayor para buscar otro trabajo, *tenía* que conformarse sin poder decir nada nunca sobre cómo se sentía a causa de la injusticia.

Al aplicar las herramientas del programa de *Hazlo ahora* al caso de Larry, estaba claro que asumir el control de su vida y abandonar el papel de víctima iban a ser las partes más difíciles. Una vez hubo tomado la decisión consciente de permanecer en su puesto de trabajo hasta la jubilación, Larry admitió que tenía sentido desafiar su mensaje victimista de «tengo que hacerlo» con las opciones más motivadoras por las que podía optar cada día. Éste seguía siendo su trabajo, y él creía en su capacidad por hacerlo bien..., de hecho, mejor que cualquier otro empleado. Reconocía que su actitud había empezado a confirmar la opinión negativa que su jefe tenía de él. A través de una serie de pasos, Larry empezó a hablarse a sí mismo con el lenguaje del «yo elijo hacerlo», asumiendo más responsabilidad ante su trabajo, liberándose de la sensación de víctima que se limita a obedecer las órdenes del jefe. En un intento de cambiar la orientación de su lucha contraproducente, Larry empezó a establecerse objetivos de manera efectiva, reconociendo su lugar en la empresa en lugar de aferrarse a la fantasía del lugar en el que *debería* estar. Le resultó difícil admitir que Bill estaba al mando y era capaz de afectar su trabajo, pero negar este hecho lo había mantenido demasiado tiempo en una lucha agotadora y desagradable. Larry y su jefe nunca más volverían a ser amigos, pero no tenían ninguna necesidad de ser enemigos. Larry estaba decidido a demostrarlo asumiendo una actitud de «estoy aquí para hacerte quedar bien, no para ponerte palos en las ruedas». Hasta empezó a saludar a Bill por primera vez en tres años. Para sorpresa de Larry, su jefe reconoció su iniciativa y cambió de actitud al cabo de un mes de haber tomado la decisión de no hacerse la víctima. Ahora lo considera uno de sus empleados más fiables y Larry se siente con fuerzas para lograr cambios en su entorno de trabajo y en sus propios sentimientos. Su procrastinación ha dejado de ser un problema porque el resentimiento y la impotencia subyacentes han sido eliminados.

En efecto, a menudo otras personas están en posiciones de poder que pueden afectarte tanto a ti como a tu puesto de trabajo, y quizá también traten de juzgar tu trabajo y tus conocimientos, pero nunca llegarán a convertirte en una víctima ni en un procrastinador: solo tú puedes hacerlo.

La procrastinación se utiliza a menudo contra el miedo o el fracaso

Si tu nivel de exigencia en tu rendimiento es extremamente alto y eres crítico con tus errores, tendrás que defenderte de proyectos arriesgados en los que hay un riesgo elevado de fracaso. El perfeccionismo y la autocrítica son, de hecho, las principales causas del miedo al fracaso. En algún punto de nuestras vidas, todos dejamos de cumplir algunas de nuestras metas y eso puede ser muy decepcionante y doloroso. Pero el incumplimiento es para un perfeccionista lo que un corte para un hemofílico. Para una persona sana no sería nada grave, pero para alguien con el sistema hipersensible puede resultar fatal. Y un perfeccionista es todavía más sensible al fracaso porque, cuando su trabajo es juzgado como «del montón», esto equivale a ser considerado un fracasado. En los casos extremos de perfeccionismo no hay diferencia entre criticar su trabajo y hacerlo con su valor como persona.

La necesidad de procrastinar para protegerse de las críticas y del fracaso es especialmente fuerte en aquellos que creen que deben triunfar en un objetivo específico y no ven ninguna alternativa aceptable. Los que obtienen su sentido de la identidad a partir de muchas áreas son más resistentes cuando fallan en una de ellas. Por ejemplo, un jugador de tenis profesional tiene más tendencia a alterarse cuando pierde un partido que un jugador aficionado, para el cual la práctica del tenis es solo una actividad semanal más. Esto ha sido corroborado por los estudios de la psicóloga Patricia W. Linville, de la Universidad de Yale, quien concluyó que cuanto más compleja y variada es nuestra concepción de nosotros mismos, menos tendencia tenemos a deprimirnos por culpa del estrés en un área porque poseemos «esas otras áreas no contaminadas de nuestra vida que pueden actuar como amortiguadores».

La persona vulnerable al estrés y tendente a la procrastinación afirma: «Este proyecto soy yo. A mi jefe o a mi cliente le tiene que encantar o me sentiré rechazado como persona. Si hoy no soy capaz de cerrar diez ventas, me sentiré un fracasado. Este proyecto determinará si soy un ganador o un perdedor». Cuando tu trabajo conlleva un peso tan enorme como la determinación de tu valía y tu felicidad futura, el estrés resulta inevitable. Necesitas alguna forma de escape para aliviar la ansiedad y para distanciarte de lo bien que lo haces en la pista de tenis, en el examen o en un trabajo concreto. En tal aprieto, la procrastinación puede servir como maniobra de dilación y como manera de saltarte el perfeccionismo. Si retrasas el inicio de tu trabajo no podrás dar lo mejor de ti, de manera que cualquier crítica o fracaso no será un juicio de tu *auténtico* yo ni de tu mejor esfuerzo. Si pospones la toma de una decisión, ésta será tomada por otros y no tendrás que asumir la responsabilidad si algo sale mal.

La angustia ante los resultados y la procrastinación habían hecho de Elaine una persona desgraciada. Ya fuera ante un recital de piano, un examen, una entrevista de trabajo o una presentación en una reunión, Elaine se sentía morir. La más mínima posibilidad de cometer un mínimo error le provocaba horas, hasta días, de pánico y angustia. Elaine había crecido en una familia de grandes y enérgicos triunfadores, y allá donde miraba en la casa familiar había colgados títulos de todo tipo: másteres de negocios, doctorados en leyes, doctorados en filosofía..., todos de las mejores universidades. Se sentía como si trabajara en una pecera, con mil ojos observándola y juzgando todos sus movimientos.

Había interiorizado su presión bienintencionada e interpretaba que se le exigía perfección y que jamás cometiese un error. Y, en realidad, este perfeccionismo le estaba provocando que se quedara paralizada en momentos cruciales para, finalmente, evitar, mediante la procrastinación, cualquier situación que pudiera suponer una evaluación de su rendimiento.

La primera vez que le pregunté a Elaine por su idea de la valía innata, se quedó patidifusa: «¿Cómo puede la valía ser innata? —me preguntó—. Si no procede de lo que hago, ¿de dónde procede?». Cuando le pregunté sobre aquellos que son menos capaces que ella, tuvo que admitir que también valían y merecían respeto a pesar de ser incapaces de actuar tan bien como ella, pero le resultaba difícil aplicar un nivel de generosidad similar consigo misma. Para evitar la procrastinación, necesitaría establecer un contrato con ella misma acordando que, siempre que cometiera un error, se recordaría su valor, se perdonaría rápidamente por no ser perfecta y volvería a empezar de inmediato. En otras palabras, Elaine aprendió a aceptarse a sí misma como un ser perfectamente humano.

La procrastinación se utiliza a menudo para evitarte asumir tu miedo al éxito

El miedo al éxito implica tres factores principales:

1. te sientes en conflicto ante la terrible elección entre los amigos y el ascenso;
2. el éxito en la consecución de un proyecto conlleva enfrentarse a algunas decisiones dolorosas que desincentivan este éxito, como tener que cambiar de residencia, buscar un nuevo trabajo o devolver el préstamo para tus estudios, y
3. el éxito significa el ascenso hacia responsabilidades crecientes y el miedo al fracaso final en algún momento del futuro.

Conflicto. Cuando el éxito en nuestra carrera profesional llega a causar conflictos en nuestras relaciones, la procrastinación puede servirnos como intento de mantener el contacto con dos mundos que parecen diametralmente opuestos. Cuando no estamos dispuestos a elegir totalmente entre el uno y el otro, intentamos optar por un camino intermedio dedicando tiempo a nuestros amigos —a veces con remordimientos— mientras procrastinamos en el trabajo y suprimimos nuestro apetito natural de éxito. En una de sus formas más insidiosas, el miedo al éxito puede manifestarse a través de una conducta inconscientemente autoderrotista.

El afán de éxito conlleva establecer un objetivo, convertirlo en una gran prioridad y luego dedicar tiempo y energía a su cumplimiento. A medida que las exigencias de tiempo y atención se hacen mayores, puede que tus amigos y tu familia recelen de tus ambiciones y de tu éxito. Puede que consideren tus proyectos prioritarios síntomas de que te preocupas menos por ellos y que los consideren una amenaza a vuestra relación. A menudo tienes la sensación de que te piden elegir entre ellos y tu carrera. Como dijo uno de mis pacientes: «He aprendido que tienes más amigos si no les das motivos para estar celosos». Si te encuentras en un conflicto entre el apoyo de los amigos y la familia o el éxito personal, estás ante un terrible dilema.

Ser rápida y hábil a la hora de resolver los exámenes en el instituto no le mereció a Dorothy el aprecio de sus compañeros. Preferían lamentarse de lo difícil que era un examen antes que celebrar los repetidos éxitos de ella. Tampoco apreciaban el hecho de que Dorothy fuera casi siempre la preferida del profesor. Una actitud contradictoria y la procrastinación a la hora de hacer sus deberes fueron los primeros síntomas de que ella empezaba a refrenarse con la intención de ganarse el afecto de sus compañeros. Aunque Dorothy no sería nunca capaz de sabotear abiertamente su rendimiento, sí que procrastinaba en un intento de evitar el dolor del ostracismo derivado de su brillantez.

Cuando alcanzó la edad adulta, Dorothy ya había aprendido que el éxito tiene sus desventajas. Aunque no siempre podemos evitarlo, debe enfocarse con precaución. Desde sus primeras experiencias había aprendido a temer la competencia, y no porque pudiera perder, sino porque ganar le resultaba demasiado fácil. Curiosamente, el hecho de ser brillante *y* atlética hizo que a Dorothy le fuera muy difícil hacer amistades en la escuela primaria y en el instituto.

Pero, al llegar a la universidad, las cosas cambiaron. Allí Dorothy era aceptada con mayor facilidad: había estudiantes con los que podía competir a su nivel y hasta algunos que la desafiaban a poner a prueba sus límites. La universidad le ofreció una mayor oportunidad de recibir la aprobación por sus logros. Sin embargo, Dorothy se encontró en la misma clase que su novio, y eso le generó mucha angustia. Tenía miedo de poner en peligro su nueva amistad con Paul. Cuando supo que su primera nota en un trabajo de clase era una matrícula de honor, le pidió rápidamente al profesor que se la bajara, para así no superar a su novio —que solo había sacado un sobresaliente— y que éste no se sintiera amenazado. Por suerte, Dorothy tenía un profesor y un novio que estaban dispuestos a apoyar sus éxitos. Tuvo que aprender a confiar en la amistad sincera de aquellos que tenían interés en verla progresar, incluso si había gente que se alejaba de ella por celos. Dorothy tuvo que aprender a hacer la difícil elección entre un esfuerzo de todo corazón, con su probabilidad de éxito, o la popularidad que le ofrecían aquellos que la preferían menos brillante. Aprendió que la procrastinación se había convertido en una manera cómoda de conservar la ambivalencia sobre esta decisión. Cuando Dorothy empezó a enfrentarse a las posibles (así como a las imaginarias) consecuencias del éxito, fue capaz de tomar decisiones rápidas sobre su trabajo y ya no tuvo necesidad de procrastinar.

Desmotivaciones. Tal vez uno de los miedos más habituales frente al éxito sucede cuando sabemos que completar un proyecto concreto será una bendición a medias, que nos aportará beneficios y también renuncias. Tanto en los negocios como en la etapa de formación, cuando uno completa una fase de la carrera profesional o de la educación, puede producirse un estancamiento. Aparece la reticencia a cambiar lo que nos resulta familiar por lo desconocido, la reticencia a dejar un nivel que ya dominamos por el ascenso a un terreno en el que debemos empezar a dar los incómodos y arriesgados primeros pasos.

Para John fue muy difícil abandonar la comodidad del campus universitario y entrar en el llamado mundo cruel y frío. Una vez licenciado, rápidamente encontró un nuevo hogar en una empresa en la que lo trataban como a un miembro de la familia. John aprendió todo lo que pudo en esa pequeña empresa de contabilidad. El trabajo se convirtió en una rutina y los ejecutivos cazatalentos comenzaron a tentarlo con ofertas de empresas grandes y competitivas con puestos más estimulantes. John estaba aterrorizado ante la idea de abandonar otro lugar confortable por un puesto en el que tal vez acabara sintiéndose como un pececito en un estanque demasiado grande. Se enfrentaba a su miedo al éxito haciendo obsesivamente listas de los pros y los contras de este cambio, y así postergó su decisión durante más de dos años.

Encontré que el vocabulario de John —y, por tanto, su manera de pensar— estaba plagado de «debería» relacionados con progresar en la vida y de «no quiero tener que» sobre abandonar un trabajo que le aportaba seguridad. John necesitaba empezar con una elección real y asumir toda la responsabilidad de su decisión. Pero le aterrorizaba equivocarse: «¿Y si me encuentro desbordado? —se repetía una y otra vez—. ¿Y si luego quiero regresar con mis antiguos compañeros?».

John tenía que enfrentarse a sus peores miedos de modo que supiera que tendría opciones en su futuro y no tendría que apoyarse en que todo (su trabajo, sus amistades) saldría a la perfección. También necesitaba saber que si fracasaba, o si sencillamente tenía algunos pequeños problemas con su nuevo trabajo, no debía ser muy duro consigo mismo por haber cometido un error. Su autoexigencia de perfección dejaba poco espacio a los riesgos y a la posibilidad de recuperarse de las dificultades inesperadas. John también necesitaba saber que podía crear su propia «red de seguridad», que le permitiría dar pequeños pasos en la exploración de las posibilidades de éxito en un trabajo más estimulante.

El miedo retrasado al fracaso. Si las cosas te han ido saliendo bien, es muy probable que cada vez te enfrentes a expectativas algo más altas. Si no has tenido tiempo para dedicarte al ocio sin sentimiento de culpa, puede que sientas que «no puedo disfrutar realmente de mi éxito porque todavía se me exige más. Eso le quita todo el atractivo a ser un triunfador». Es lo que yo llamo el síndrome del saltador de pértiga. La cadena de razonamiento es la siguiente: trabajas duro y durante mucho tiempo para lograr un objetivo, como un salto de cinco metros. Tienes pavor a fracasar, pero la presión del entorno y tus propias expectativas te empujan a esforzarte más. Lo consigues por poco, pero, de alguna manera, lo has logrado. El aplauso del público dura unos pocos segundos y, mientras te sacudes el polvo, los árbitros ya están elevando el listón a cinco metros y veinte centímetros. Con cada salto logrado se vuelve más difícil alcanzar el listón, sabiendo que la recompensa es fugaz, las expectativas de mejora crecientes y las posibilidades de error mayores. El doctor Derald Sue, del Teachers College de la Universidad de Columbia, afirma:

> El miedo al éxito se puede ver como el miedo retrasado al fracaso: si logras un objetivo, estás seguro de que serás trasladado a un nuevo terreno competitivo en el que el fracaso es más

> probable. Cuanto más arriba estás, más competitivo se vuelve y mayor es la posibilidad de fracaso. Y si no puedes soportar el fracaso y ya has dado lo máximo de ti, la perspectiva es bastante aterradora, puesto que ya no cuentas con reservas. En cambio, con la procrastinación, te cubres de dos maneras: siempre tienes una excusa, en caso de que tu resultado no sea tan bueno como esperabas, y siempre te quedan reservas, en caso de que sí lo logres... El éxito intensifica la ansiedad y en el futuro todavía se esperará más de ti..., pero la procrastinación te protege un poco de esta amenaza.

Este patrón se encuentra a menudo en los famosos del mundo del cine y del deporte, que se queman o recurren a las drogas con la intención de conservar la productividad de las superestrellas. La resistencia a las exigencias de éxito se mezcla a menudo con el miedo postergado al fracaso. Una vez logrado el éxito te gustaría descansar, pero el entorno, la familia y el coste de tu elevado estilo de vida te exigen que siempre sigas trabajando a tope.

Así, parte de este miedo postergado al fracaso es, en realidad, temor a alcanzar un punto a partir del cual ya no te podrás permitir aquello que te has estado diciendo que *tenías que* hacer para conservar el éxito. Tu motivación se ha desvanecido. Te sientes incapaz de seguir esforzándote.

Llegado a este punto, necesitas maneras más eficientes de trabajar y necesitas contar con todos tus recursos. Deberás abandonar el modelo de autoalienación que aprendiste de niño (el cual te dice que eres un vago y que necesitas que alguien te obligue a trabajar). Con esta idea trabajas contra ti mismo, y el resentimiento y el miedo al fracaso te absorben la energía necesaria para conseguir tus objetivos de manera efectiva y eficiente.

Para desaprender este patrón necesitarás reducir las dosis de dolor y amenaza asociadas a tu trabajo. Tendrás que dedicar más tiempo al ocio sin culpa, aumentar las recompensas por breves períodos de trabajo de calidad y hacerte responsable de reducir el estrés y la tensión.

La procrastinación es aprendida y se puede desaprender. Hasta ahora ha sido una herramienta gratificante y necesaria para evitar tareas que parecían dolorosas y privadoras. Así, para recuperar el control sobre la procrastinación, necesitas desarrollar herramientas alternativas para enfrentarte a tus miedos y para que el trabajo te resulte menos doloroso y castrador. *Hazlo ahora* te dará las herramientas para superar la procrastinación, haciendo que tu trabajo sea más placentero y que la calidad y el placer de tus momentos de ocio resulten mucho más intensos de lo que serían si procrastinaras.

2

Cómo procrastinamos

Todos necesitamos un empujoncito de vez en cuando para sacarnos de la rutina, para obligarnos a replantear nuestros problemas y para animarnos a formular nuevas preguntas que nos puedan conducir a otras preguntas acertadas.

ROGER VON OECH,
El despertar de la creatividad

Conocer *de qué manera* procrastinas es todavía más importante que saber el *porqué*. Puedes utilizar tu consciencia de los parámetros negativos para recanalizar tu energía hacia la formación de hábitos positivos. Identificar cómo haces las cosas es esencial para mejorar tu rendimiento. Una vez hayas identificado las conductas negativas concretas, podrás utilizar realmente su aparición para reorientar tu energía hacia tus objetivos.

Saber a qué dedicas el tiempo

El primer paso es más fácil de lo que ningún libro sobre la procrastinación jamás te haya pedido: sencillamente, dedícate a procrastinar de la manera habitual durante una semana más. Eso te enseñará a ser consciente de cómo y cuándo procrastinas. Simplemente, obsérvate con objetividad, como si fueras un antropólogo que anota las conductas y rituales de una cultura extranjera sin hacer ningún juicio. No te juzgues ni analices tu comportamiento; de momento, limítate a concentrarte en ser consciente de tus parámetros de comportamiento actuales.

Observa en qué inviertes el tiempo. ¿Qué haces cuando eres realmente productivo? Y advierte cómo eso se diferencia de las ocasiones en que te dedicas a no producir nada. Las dificultades de calcular cuánto tiempo te lleva acabar un proyecto, cruzar la ciudad o llegar puntualmente a una reunión acostumbran a formar parte de la procrastinación. Una gestión realista del tiempo y una estructura para concentrarse en los compromisos son herramientas necesarias a la hora de transformar la procrastinación en productividad. Si llegas tarde de manera crónica o estás agobiado por los detalles, sorprendido por las fechas de entrega, procrastinando en docenas de proyectos y sin el tiempo necesario para el ocio y las relaciones sociales, tienes un problema de gestión del tiempo.

Hay numerosas teorías sobre por qué los seres humanos tienen problemas para gestionar el tiempo, pero, por muchas que existan, los problemas siguen estando ahí para la mayoría de nosotros. Necesitamos una estructura que nos mantenga conscientes del paso del tiempo y de cómo lo invertimos.

Hacer un inventario de todas las actividades que hacemos despiertos durante tres días es una manera de recuperar el control sobre a qué dedicamos el tiempo. Hay que anotar el tiempo total dedicado a cada actividad. Luego, dividiendo el total por tres, se hace una valoración de la cantidad media diaria de tiempo dedicado a cada actividad. Los abogados, los arquitectos, los asesores y otros profesionales utilizan un método similar para determinar el número de «horas facturables» trabajadas para cada cliente.

Para registrar la cantidad de tiempo dedicado a tus actividades en el trabajo, en casa o con los amigos, puedes crear un horario siguiendo la agenda de Fran, reflejada en las páginas 56 y 57. Divide tu jornada en tres o cuatro franjas —por ejemplo: mañana, tarde y noche— para evaluar mejor cuándo eres más y menos productivo. Apunta el tiempo que dedicas a cada actividad durante toda la jornada.

Fran, subdirectora de una empresa textil, vino a verme para recuperar el control del tiempo que perdía procrastinando en su trabajo, y para encontrar más tiempo de calidad para pasarlo con su marido y sus amigos. Fran se sentía siempre agobiada por el tiempo, sin poder concentrarse en sus principales responsabilidades, sin una sensación real de logro en lo que conseguía, y solo lograba disfrutar a medias de su tiempo libre. Hablamos de sus objetivos y establecimos sus prioridades. Luego Fran accedió a llevar un registro de todo aquello a lo que dedicaba su tiempo. A partir de ahí pudimos advertir cualquier discrepancia entre el tiempo que quería dedicar a sus prioridades y a lo que realmente lo dedicaba.

Adviértase que, en el ejemplo de Fran, «trabajo» se categoriza en prioridades A, B o C, de modo que ella se lleva el mérito de hacer trabajo de calidad solo en los proyectos de prioridad alta. Fran no contabiliza actividades como leer el correo o llamar a los clientes en su tiempo total porque quiere reducir el tiempo pasado lejos de sus metas principales. Al establecer prioridades en tu trabajo, obtienes una visión más clara de esas tareas que realmente te importan y de tus objetivos a largo plazo. Alan Lakein, en *Cómo tomar el control de tu tiempo y de tu vida*, sugiere usar las categorías

Muy importante (A), Importante (B) y Menos importante (C). Hay ciertos trabajos B o C, por ejemplo las tareas urgentes o los trabajos en grupo, que se pueden utilizar como pausa de las actividades más intensas y normalmente más valiosas con prioridad A. Este sistema de categorías y prioridades te permite saber cuándo estás progresando y cuándo estás simplemente apagando fuegos sin avanzar demasiado. Edwin Bliss, en su libro *Getting Things Done*, categoriza las actividades según su urgencia y nos recuerda que lo urgente no es siempre lo mejor en lo que podemos invertir el tiempo. Tener demasiadas tareas urgentes es síntoma de una mala gestión del tiempo y de estar evitando las actividades realmente importantes que compensan a la larga.

HORARIO DE FRAN

Actividades	**Tiempo (en minutos)**
I. Mañana, en casa (7.00-9.15)	
Escuchar la radio antes de levantarme	15
Estiramientos, flexiones, yoga	10
Ducha	15
Vestirse	20
Desayunar viendo la televisión	30
Dejar ropa en lavandería, recogerla por la noche, preparar papeles para reunión club	15
Transporte hasta la oficina	30
Total segmento	**2 h 15 min**
II. Mañana, en el despacho (9.15-12.45)	
Charla con el jefe	10
Leer correo, periódico	20
Teléfono, llamadas	15
Fantasear, planear compras	10
Ordenar la mesa, buscar carpetas	15

Pausa, café, charla	15
Trabajo, prioridad baja (C)	45
Teléfono, llamada entrante	20
Trabajo, prioridad alta (A)	60
Total segmento	**3 h 30 min**
III. Tarde, trabajo (12.45-18.15)	
Almuerzo, charla	75
Devolver llamadas	30
Reunión	60
Trabajo, prioridad baja pero urgente (C+)	30
Pausa	15
Trabajo, prioridad alta (A)	45
Consultas	30
Trabajo, prioridad media (B)	30
Ordenar, organizar reunión de mañana	15
Total segmento	**5 h 30 min**
IV. Noche, en casa (18.15-23.30)	
Vuelta a casa	30
Compras	20
Charla, leer correo	15
Ejercicio	25
Ducha	10
Preparar/ayudar con la cena	30
Cenar	45
Televisión	60
Teléfono	20
Pagar facturas, consultar cuentas	20
Lectura	30
Ordenar antes de acostarse	10
Total segmento	**5 h 15 min**

TOTAL: 16 h 30 min

Trabajo: 3 h 30 min; ejercicio: 35 min.

Fran y yo revisamos su manera de invertir el tiempo en un día típico e identificamos varias áreas de mejora. Ella decidió que prefería levantarse inmediatamente y pasar menos tiempo desayunando. Si eliminaba la televisión en esos días en que andaba escasa de tiempo, Fran calculaba que podía ahorrarse setenta y cinco minutos diarios y acostarse antes. Además, haciendo los recados personales por la tarde y no por la mañana, Fran podía llegar mejor preparada y más puntual al trabajo.

Dedicarse a las actividades de prioridad A (cuestiones de presupuestos, clientes y proveedores que tenían efecto a largo plazo en la empresa) a primera hora de la mañana le supuso ser capaz de reducir el tiempo dedicado al correo, el teléfono y las conversaciones superficiales. Además, Fran revisó sus objetivos de dedicar más tiempo libre a sus amigos y de disponer de más tiempo para la lectura y el ocio. Descubrió que sí, dos o tres veces a la semana, sustituía su rutina del almuerzo por un paseo o una clase de yoga o aeróbic (dejándose un poco de tiempo para un almuerzo ligero), a menudo se sentía más despierta y productiva por la tarde que si tomaba un almuerzo más contundente. Eso también la ayudó a disponer de más tiempo por las noches que antes dedicaba al ejercicio.

Llevar un registro de tu tiempo durante unos cuantos días te dará una visión bastante buena de cómo lo inviertes. Cuando revises las actividades de una semana normal, podrás sumar el tiempo total que dedicas al teléfono, al correo, a comer, a hacer vida social, a trabajar, etcétera. Eso revelará patrones que tal vez quieras cambiar y otros que tal vez quieras intensificar o iniciar antes.

Tal vez te alarme descubrir que buena parte de tu vida la dedicas a cosas que no tienen relación directa con tus tareas más prioritarias. No esperes descubrir que dedicas ocho horas al día al trabajo de calidad: buena parte de la actividad legítima de cada día no tiene relación directa con la productividad. Por ejemplo, el trabajo en una organización grande implica algo de vida social, reuniones y la comunicación necesaria para mantener un enfoque de equipo y el compromiso con una visión común. Sencillamente, busca aspectos que se puedan mejorar y controla mejor las interrupciones y las pérdidas de tiempo. Con un contestador automático o un auxiliar administrativo, la mayoría de las llamadas se pueden devolver a tu conveniencia en lugar de responderlas cuando llegan, lo que rompe tu impulso y tu concentración.

O puede que descubras que, como les ocurre a muchas otras personas, te lleva más de una hora instalarte antes de empezar a trabajar realmente. ¿Qué pasaría con tu nivel de eficiencia si te dedicaras a un proyecto de prioridad alta a primera hora de la mañana, en lugar de a leer el correo o a hacer llamadas? Para introducir cambios, deberás romper tu piloto automático y empezar a hacer elecciones conscientes cuando entras en tu despacho a primera hora. Utiliza tu registro para identificar los acontecimientos que preceden a la procrastinación o al trabajo de prioridad baja. Saber qué elementos disparan los hábitos negativos te ayudará a sustituirlos por actividades más productivas.

Ahora que has examinado cómo distribuyes el tiempo, tienes una idea mucho más clara de los puntos débiles de tu jornada que te conducen a la procrastinación. Puede que también descubras que registrar el tiempo que dedicas a proyectos prioritarios te aporta un mayor control sobre tu gestión del tiempo, te permite disfrutar más de tu tiempo libre sin sentirte culpable y te anima a concentrarte en un trabajo de calidad siempre que puedas.

DIARIO DE LA PROCRASTINACIÓN

Fecha y hora	*Actividad y prioridad*	*Pensamientos y sensaciones*	*Justificación*	*Intento de solución*	*Pensamientos y sensaciones resultantes*
6/2 9.30	Declaración renta, A	Tengo que hacerlo, pero no tengo ganas	Hace un día demasiado bonito	Trabajo en uno de los archivos, salgo a dar un paseo	Me sentí bien por haber empezado y disfruté del paseo
7/2 10.00	Puerta mosquitera, B	¿Ni siquiera el sábado puedo descansar?	Estoy agobiado	Me pongo a mirar la tele	Culpabilidad; me acuso de vago; temo el enfado de mi esposa
9/2 15.15	Discurso, AAA	Tiene que ser excepcional	Me angustia demasiado	Tomo mucho café	Me siento más ansioso; me siento mal conmigo mismo
10/2 9.30	Informe de Jones, A	El juez Smith me intimida	Miedo a cometer errores	En lugar de ello me dedico a la declaración de los testigos	Me siento cobarde y más presionado a medida que pasa el tiempo

Diario de la procrastinación

Llevar un diario de cómo repartes tu tiempo te alertará de muchas zonas de ineficiencia y de tiempo perdido, pero no te dará las indicaciones de la situación laboral real que señalan la necesidad de un cambio de orientación si deseas volver a caer en tus antiguos parámetros. Para ello necesitarás llevar un diario de la procrastinación, que vincula la actividad evitada a un pensamiento específico, una justificación, un intento de solución y un pensamiento resultante.

Si registras tu conducta y tus pensamientos actuales sabrás dónde tienes que ejecutar acciones correctivas. Sin ese registro te resultará casi imposible aprender de los errores pasados. Piensa en la semana pasada: ¿sabes lo que hiciste, cuánto tiempo perdiste, qué era lo que sentías y que te empujó a procrastinar? Probablemente no. Por eso te aconsejo mucho que lleves algún tipo de registro de tus actividades y pensamientos o que utilices como modelo el diario de procrastinación: eso te dará un sistema que te hará más fácil controlar tu tiempo y tus patrones de comportamiento.

Otro de mis pacientes, Frank, vendedor de seguros, era muy productivo con los asuntos prioritarios de su vida: hacía bien su trabajo, cumplía con sus citas y sus fechas de entrega y estaba disponible para su esposa y sus hijos. Pero su odio hacia los detalles y hacia el correo le empezaba a dificultar la vida y a hacer sentirse un procrastinador. Tenía la mesa del despacho totalmente inundada de facturas por pagar, cheques que cobrar y cartas por responder que a menudo se acababan extraviando. En algún lugar, debajo de la pila de recortes de prensa por archivar, había unas fotos que había prometido mandar a su familia de Nueva York y en uno de los cajones había carretes de fotos de las vacaciones del año anterior que todavía no había llevado a revelar.

¿Por qué un hombre tan productivo como Frank procrastinaba cuando tenía que mandar fotos a su madre? Examinamos el diario de procrastinación de Frank en busca de las pruebas y los pensamientos que lo desviaban de hacer tareas detalladas. Frank se dio cuenta de que cada vez que veía aquella mesa se sentía agobiado con el trabajo que representaba y su mente se desviaba rápidamente hacia otros proyectos: cuidar del jardín, construir una mesa para sus hijos, leer material del despacho... Además, su desbordado escritorio se había convertido en un recordatorio doloroso de toda la gente a la que debía cartas, de su propia autocrítica sobre este rincón tan desorganizado de su vida, por lo demás tan organizada. Para Frank, las pequeñas tareas se habían ido perdiendo en una pila formidable que resultaba demasiado fácil de evitar a favor de asuntos más gratificantes y que tenían una mecánica más fácilmente identificable.

Al identificar la fuente de su problema, pudimos ayudar a Frank a dividir la gran misión de «organizarse» en partes menos amenazantes y de menor envergadura. Con las herramientas de *Hazlo ahora*, Frank fue capaz de reemplazar su autocrítica derivada del caos en su mesa por el compromiso a ponerse a cumplir una tarea al momento (como encontrar las fotos y escribir una carta y ponerlo todo en un sobre, con un sello y una dirección) durante un período de tiempo breve (entre quince y treinta minutos), y a reordenar sus pausas y gratificaciones de manera que tuvieran lugar tras cada breve período de tiempo dedicado a reordenar fotos, reunir todas las facturas o escribir una carta que estaba pendiente.

Aquella primera semana, Frank mandó las fotos a su madre, pagó varias facturas extraviadas y dispuso en unos archivadores verticales todo el material que había encima de su escritorio para poder encontrarlo rápidamente, en lugar de tener que revolver cada vez entre varios montones de cosas. Para conservar esa dinámica, Frank eligió tres momentos a la semana para dedicar al menos media hora a organizar y archivar el correo, las facturas y las cartas. Puede que parezca una tarea fácil, y lo cierto es que lo es, pero solo una vez has usado tu diario de procrastinación para identificar las actitudes y autojustificaciones que te impedían ponerte en marcha y después de que las hayas reemplazado por la concentración en un pequeño paso.

Incluso un uso elemental del diario te aportará información importante sobre tus parámetros de procrastinación y de diálogo interior. Querrás incluir información tan básica como el día y la hora en que procrastinaste, la actividad que postergaste y su prioridad, tus pensamientos y sensaciones ante esa tarea, tu motivo para postergarla, el tipo de procrastinación que utilizaste, tus intentos por reducir la angustia y tus sensaciones y pensamientos resultantes.

Al cabo de unos días de anotar tus patrones de procrastinación, podrás identificar los pensamientos y sensaciones que te conducen a cumplir, al igual que los que te llevan a la postergación y el autorreproche. En el diario del ejemplo, advierte cómo, en la primera tarea, esta persona se dedicó a una parte de su declaración de renta y luego salió a dar un paseo, y el resultado fue que se sintió bien por haber empezado y luego disfrutó de su paseo. En la segunda tarea, arreglar la puerta mosquitera, podemos ver que la rabia por tener el tiempo libre interrumpido por un deber le llevó a sentirse agobiado y a ver la tele, sentirse culpable, autocriticarse y temer el enfado de su pareja.

Al separar así los patrones de procrastinación, te equipas para identificar los pensamientos y sensaciones que debes guiar hacia la productividad. Te darás cuenta de que los absurdos esfuerzos que haces por procrastinar indican cuánto dolor has aprendido a asociar a la tarea. *Sabes* que la privación, la autocrítica y el perfeccionismo cuando te ves obligado a limpiar las baldosas de la ducha o a organizar tus armarios han llegado a ser monumentales. Cuando los proyectos de prioridad alta son sustituidos por asuntos de prioridad baja en tu lista de quehaceres, te puedes consolar sabiendo que al menos haces una tarea necesaria. Pero solo cumples tareas de prioridad baja que te ofrecen una satisfacción parcial. Seguirás procrastinando hasta que adoptes una estrategia que te permita encontrar una satisfacción plena cuando te pongas a hacer tus proyectos prioritarios.

Tu diario de procrastinación también puede alertarte de los *tipos* de situaciones en los que tienes más tendencia a postergar:

- actividades detalladas (ejemplo 1): declaración de renta, consultar cuentas, archivar carpetas, clasificar historiales de clientes;
- tareas domésticas (ejemplo 2): arreglar la puerta mosquitera, limpiar el sótano, ordenar el escritorio, pintar el dormitorio;
- tareas laborales (ejemplo 3): hacer un discurso, presentar un producto, enfrentarte con un empleado;
- proyectos grandes o densos (ejemplo 4): preparar un informe legal, una campaña publicitaria o un manual de formación.

Adquirir consciencia del tipo concreto de tareas que te crean más problemas te preparará para concentrarte en la tarea que tienes entre manos.

Bajo la categoría «pensamientos y sensaciones» de tu diario de procrastinación, anota cualquier actitud y pensamiento negativo subyacente que te hace sentir victimismo, privación, presión por ser perfecto o miedo al fracaso. Estos sentimientos y las actitudes que los provocan se vuelven obstáculos a la hora de completar con eficiencia las tareas difíciles. Advierte cómo funcionan en los ejemplos:

- otros te están obligando a hacer algo contra tu voluntad: la declaración de hacienda en el ejemplo 1 y arreglar la puerta mosquitera en el 2;
- autopresión para dar un resultado perfecto: por ejemplo la actividad 3, hacer un discurso;
- miedo a los errores y a las críticas: como en el caso 4, presentarse ante el juez sin estar preparado.

Sigue anotando tus reacciones a ciertos proyectos durante dos o tres días más. Identifica los miedos y presiones que acostumbras a asociar a ciertos tipos de proyectos. Por ejemplo, advierte cómo puedes estar complicando mentalmente una tarea para que parezca insoportable. Presta especial atención a cómo te hablas a ti mismo y a cómo tu vocabulario te lleva a la procrastinación o a la productividad (en el próximo capítulo tratamos en profundidad la manera de cambiar tus autoafirmaciones para hacerlas más efectivas a la hora de alcanzar tus metas).

Tu diario de procrastinación te alertará de tus debates interiores y de cómo te ayudan o merman tu consecución de metas. La consciencia de este debate interno y de cómo está conectado a tus patrones de procrastinación te permitirá obtener el máximo rendimiento de la estrategia de *Hazlo ahora*. El primer gran paso para salir de la procrastinación es ser consciente de cómo el miedo te lleva de regreso a tus antiguos patrones y de cómo crear confianza conduce a la productividad.

Crear confianza: el primer gran paso para superar la procrastinación

Para entender mejor cómo aprendiste a procrastinar, te invito a utilizar tu imaginación y a aceptar durante unos minutos una metáfora en la que el examen, el trabajo o la misión de tu vida es andar por una tabla.

> **Situación A.** La tarea que tienes por delante es caminar por una sólida tabla diez metros de largo, diez centímetros de grosor y treinta de ancho. Posees todas las características físicas, mentales y emocionales necesarias para llevar a cabo esta tarea. Puedes poner cuidadosamente un pie después del otro o, si quieres, bailar, patinar o saltar encima de la tabla. Puedes hacerlo, sin problemas.

Tómate un minuto para cerrar los ojos, relajarte e imaginarte a ti mismo en esa situación. Advierte cómo te hace sentir. ¿Tienes miedo o hay algo que te bloquea? ¿Sientes alguna necesidad de procrastinar? El miedo a caerte o a cometer un error no pueden convertirse en contratiempos, pero puedes descubrir que aplazas ponerte a hacerlo por una necesidad de afirmar tu independencia y de resistirte a que te pidan que hagas ni siquiera una tarea sencilla como pasar por una tabla.

> **Situación B.** Ahora imagina que la tarea es exactamente la misma, pasar por una tabla de diez metros de longitud por treinta centímetros de ancho y que tienes las mismas capacidades, aunque ahora la tabla está suspendida entre dos edificios a treinta metros del suelo. Mira al otro lado de la tabla y plantéate emprender tu tarea.

¿Cómo te sientes? ¿En qué piensas? ¿Qué te dices a ti mismo? Tómate un momento para darte cuenta de lo distintas que son tus reacciones en esta situación respecto de las de la situación A. Y advierte con qué rapidez tus sentimientos frente al encargo difieren cuando la altura de la tabla cambia y las consecuencias de caerte son mucho mayores.

Si tus reacciones son como las de la mayoría de participantes en mis talleres, puede que te encuentres respondiendo: «Estoy pensando en la altura. ¿Y si me caigo? La consecuencia de caerme o de cometer un error probablemente sería la muerte».

Obviamente, mientras solo te concentras en el peligro de caer, pierdes la perspectiva de la sencillez de la tarea y olvidas que hace un momento tenías toda la capacidad de hacerla sin ningún problema. El peligro de cometer un error es ahora tan enorme que debes detenerte a sopesar esta amenaza para tu vida. Ha dejado de ser una simple tarea, un examen, un proyecto; ahora es tu vida, tu futuro, lo que está en juego. Ahora ya no puedes conservar la calma; ya sientes la subida de adrenalina que supone la reacción de tensión al mirar hacia abajo, presentando a tu cuerpo y a tu mente la imagen de una caída desde treinta metros de altura. Hay un motivo real para tener miedo: «Si cometiera un error, moriría». Por muy sencilla que sea la tarea, y por muy capaz que seas de hacerla, ese miedo —a que un error pueda matarte— prácticamente te incapacita para dar el primer paso.

De manera irónica, a nivel psicológico normalmente eres tú quien eleva la tabla del suelo, reemplazando una tarea sencilla por un examen de tu valía, por la prueba de si eres alguien aceptable o por un juicio sobre si serás un triunfador feliz o un fracasado miserable. En la mayoría de los casos eres tú quien confunde *hacer el trabajo* por *poner a prueba tu valía*, donde un posible error te haría sentir como en el fin del mundo. Cuando tu formación inicial te ha llevado a creer que tu valía está determinada por tu rendimiento, debes concentrarte más en protegerte del error y la caída que sencillamente en desempeñar el trabajo.

Ahora olvida esta situación y esta escena y respira hondo antes de situarte en el siguiente caso.

> **Situación C.** En esta escena sigues en la tabla suspendida entre dos edificios, a treinta metros del suelo. La tarea sigue siendo sencilla y sigues teniendo toda la capacidad necesaria para hacerla, pero en cambio permaneces paralizado en tu extremo de la tabla. Mientras piensas qué vas a hacer, de pronto sientes un intenso calor detrás de ti y oyes el crepitar de las llamas. ¡El edificio que aguanta tu extremo de la tabla está ardiendo!

¿Qué piensas ahora? ¿Cómo cambia tu enfoque respecto a la situación anterior? Recuerda que hace tan solo un momento estabas paralizado por el miedo ante la posibilidad de caer treinta metros. ¿Te sorprendes pensando: «Tengo que cruzar la tabla. No tengo tiempo de pensar en la caída o en hacerlo a la perfección, lo haré como pueda. La dignidad y la vergüenza ya no son importantes»?

La mayor parte de la gente se pone a pensar de manera creativa en cruzar esa tabla de cualquier manera imperfecta en que puedan hacerlo. La posibilidad de cometer un error o de hacer el trabajo a la perfección se dejan rápidamente de lado y los participantes del taller suelen decir: «Me deslizaría por la tabla sentado... ¡hasta a gatas, si hiciera falta!». Es solo el miedo a algo peor lo que nos hace superar el miedo a ser menos que perfectos y a ser juzgados.

Fíjate en lo rápido que cambia tu actitud cuando sabes que hay un peligro mucho más inmediato y real que la posibilidad de caerte. ¿Cómo lo has hecho? ¿Te extraña encontrarte resolviendo creativamente el problema de cruzar la tabla, dejando un poco de lado tu miedo a caerte? Hace unos instantes, la simple imagen de una situación que ponía en peligro tu vida te podría haber provocado estrés, pero date cuenta de con qué rapidez tu mente y tu cuerpo han reorientado su energía y la han alejado de la preocupación, la ambivalencia y la procrastinación para acercarla a la acción productiva, una vez tomada la decisión. (Si la imagen del fuego no te motivara suficientemente, imagina cómo se reducirían tus preocupaciones sobre ser perfecto y sobre caerte si al otro lado de la tabla hubiera un niño pequeño llorando y pidiendo ayuda. Advierte cómo la compasión y el coraje humanos son maneras adicionales de ayudarte a superar los miedos y el hábito de procrastinar.)

Ahora que tienes una presión temporal inmediata, una hora límite real —el fuego—, te lanzas a la tarea con toda tu alma, llevándola a cabo de cualquier manera en que sepas hacerla. Ya no te enfrentas simplemente a la *posibilidad* o al miedo al dolor y la muerte, sino que ahora te enfrentas al dolor real y a una muerte *segura*. Ahora te encuentras a ti mismo sin bloqueos y motivado para ponerte en marcha.

Cuando procrastinas es como si fueras tú quien eleva la tabla lejos del suelo, paralizándote, y quien luego enciende el fuego para crearte la presión que representa la fecha de entrega.

La procrastinación y la ansiedad funcionan en cinco etapas

Primera: Otorgas a una tarea u objetivo el poder de determinar tu valía y tu felicidad. Piensas: «Conseguir este trabajo, aprobar este examen, logrando que esta persona quiera salir conmigo, cambiará mi vida y me hará feliz». Cuando un resultado perfecto o el logro de un objetivo concreto se erigen en la única medida de tu valía, hay demasiado en riesgo como para empezar a actuar sin algún punto de apoyo, como la procrastinación, para romper la ecuación de valía personal = resultado.

El psicólogo Rich Beery, de Berkeley (California), afirma que el miedo al fracaso es producto de suponer que lo que produces refleja tu capacidad total. Así, utilizamos la procrastinación para proteger nuestra valía frente a las críticas.

Segunda: Utilizas el perfeccionismo para elevar la tarea a treinta metros del suelo, de modo que cualquier error equivaldrá a la muerte y cualquier fracaso o rechazo resultará intolerable. Te exiges hacerlo a la perfección: sin ansiedad, con una aceptación completa de tu público, sin críticas negativas.

Por ejemplo, muchos de nosotros tenemos la sensación de que nuestro rendimiento no solo mide nuestra capacidad, sino también lo que valemos como seres humanos. Si nos hemos esforzado mucho y nuestra obra no es brillante, nos sentimos hundidos, como si no fuéramos lo bastante buenos. Nos decimos: «No creo que pudiera perdonarme si lo diera todo y mi resultado, mi libro o mi obra siguieran sin ser lo bastante buenos». De modo que procrastinamos para evitar hacer lo que mejor sabemos y para ahorrarnos nuestras propias críticas.

Tercera: Te encuentras paralizado por la ansiedad porque tu respuesta natural al estrés es producir adrenalina para enfrentarte a las amenazas a tu supervivencia. Cuantos más obstáculos le encuentras a la tarea, más grave es la amenaza si ocurre un error. Así, en una lista de lo «qué pasaría si...», creas una imagen catastrófica con efecto dominó: un error te hace perder un cliente, eso te hace perder el trabajo, eso te lleva a muchos intentos fracasados de encontrar otro trabajo, lo cual te lleva a un fracaso matrimonial, etcétera. Con tales terrores no es muy difícil ponerse tenso y estresado y luego buscar el alivio temporal en la procrastinación.

Cuarta: Utilizas la procrastinación para huir del dilema, lo cual te hace acercarte todavía más a la fecha de entrega, aumenta la presión temporal, incrementa la angustia y hace aparecer una amenaza todavía mayor que tu miedo al fracaso o a las críticas por tu trabajo imperfecto. Puede que, llegados a este punto, hasta te sientas más poderoso; al fin y al cabo, has equilibrado tus ansiedades y las has puesto a trabajar a tu favor. También te escapas de la terrible ecuación valía personal = resultado postergando las cosas lo bastante como para que no se pueda poner a prueba tu capacidad real, es decir, lo que podrías haber hecho con el tiempo suficiente.

Quinta y última etapa: Ahora utilizas una amenaza real, como el fuego o la fecha límite, para liberarte del perfeccionismo y para que sirvan de motivadores. Un dispositivo muy enrevesado y costoso, desde luego, pero que sin embargo funciona para desactivar la parálisis que provocan el perfeccionismo y el miedo al fracaso. Una vez más, aprendes que la procrastinación tiene sentido y resulta gratificante. Y te mantendrá en este círculo insidioso hasta que lo desaprendas y lo sustituyas por otros métodos más efectivos y eficientes de enfocar tu trabajo y tu valía personal.

> **Situación D.** Vuelves a enfrentarte a la tabla, a treinta metros del suelo, y sigues paralizado por la procrastinación. Pero ahora ya no hay fuego, solo una red fuerte y protectora tan solo un metro por debajo de la tabla.

¿Cómo te sientes ahora? ¿Puedes imaginarte caminando por la tabla, contemplando el cumplimiento de la tarea? «Sin ningún problema —responde la mayoría—. Ahora puedo hacerlo. Hasta puede ser divertido. Incluso si me caigo, sé que puedo rebotar en la red.»

Sabes que si te caes, lo peor que puede pasar es que te sonrojes un poco. Caer ya no supone la muerte. Un error no es el fin del mundo. Puedes recuperarte de cualquier caída. Ningún error por sí solo significa el final. Siempre te puedes dar una segunda oportunidad.

Si mantienes los criterios del perfeccionista, no conseguir tus metas o cometer un error pueden hacer que te sientas como si fueras a morir, pero tal vez tu trabajo, tu relación o tu hogar son tan importantes para ti que perderlos te parecería el fin del mundo. Si es así, querrás aprender a crear alternativas que te permitan recuperarte de un salto de tus patrones de procrastinación. Querrás tener un plan B y un plan C en lugar de ser tan exageradamente dependiente y tan exageradamente insistente en el plan A. Querrás tener redes de seguridad en tu vida, de manera que caer no sea tan terrible. Y necesitarás una autoafirmación positiva que te dé la capacidad para recuperarte de cualquier error o pérdida, diciéndote a ti mismo: «Pase lo que pase, sobreviviré. Encontraré la manera de seguir. No dejaré que esto sea para mí el fin del mundo. Encontraré la manera de reducir el dolor en mi vida y de optimizar la felicidad».

Para optimizar tu rendimiento en un mundo que te provoca estrés, tienes que crearte un sentido de tu valía protegido e indiscutible. Hasta que no lo hagas, la energía y la concentración necesarias para tu trabajo se desviarán para prepararte ante supuestas amenazas a tu supervivencia y para procrastinar para soportarlo. Independientemente de cómo lo hagas, y de lo que digas, ofrécete un espacio seguro en el que estés libre de las críticas, un lugar y un tiempo en el que puedas dejar de esforzarte por actuar a la perfección.

Si te amenazas a ti mismo con autodesdén y con una vida llena de infelicidad cuando no consigues tus objetivos, te resultará imposible concentrarte en la tarea que ahora mismo tienes delante. Debes tener algún tipo de protección contra estas amenazas autoimpuestas. Tu respuesta saludable de supervivencia (comúnmente conocida como estrés) no se detendrá hasta que estés a salvo. Necesitas un compromiso contigo mismo y con tu valía innata de que, a pesar de cualquier fracaso, crees lo bastante en ti mismo como para volverlo a intentar, para volver a este ruedo o a cualquier otro más adecuado para tus talentos tan únicos.

Resulta interesante advertir cuántas veces la gente triunfadora sufre debido a catástrofes y bancarrotas. La persona de éxito cae muchas veces y se vuelve a levantar, pero «el fracasado» falla una sola vez y deja que este único error se convierta en la medida de su valía y, así, en su identidad. Si siguieras el ejemplo de la mayoría de triunfadores, podrías caer muchas veces, usando repetidamente tu red de seguridad para volver a levantarte y ponerte a trabajar por otro éxito. Con una red de seguridad que te atrape, el fracaso y los errores no te podrán detener porque tú no dejarás que te arrebaten tu valía y tu empuje personal.

No hay ningún libro que te pueda enseñar a valorarte a ti mismo, tan solo podría enseñarte a actuar como si tuvieras autoestima. Empezarás por sustituir los patrones de procrastinación por los hábitos positivos de las personas productivas. A medida que te vuelvas más eficaz a la hora de controlar tus hábitos de trabajo y de preservar tu tiempo de ocio, construirás tu autoestima, pero no apreciarás realmente tu valía hasta que puedas hablarte a ti mismo con un lenguaje positivo que cure la autoalienación que has acumulado a lo largo de los años.

Por suerte, no necesitas ser perfectamente psicoanalizado, ni tampoco necesitas amarte totalmente a ti mismo, para beneficiarte de la sustitución de tu diálogo interior amenazante por un discurso amable y efectivo. Si te aseguras «Pase lo que pase, mi autoestima sobrevivirá. Me pongo en un lugar seguro», progresarás de manera significativa en tu capacidad de trabajar con concentración, serenidad y creatividad creando seguridad y compasión hacia tu imperfección humana. Cuando empiezas a darte este tipo de seguridad —aunque al principio solo sean palabras—, te sentirás más tranquilo al emprender cualquier tarea. Y estarás más tranquilo porque habrás eliminado directamente la amenaza a tu supervivencia: habrás bajado la tabla de manera que cometer un error ya no resulte fatal. Estarás atacando directamente la insidiosa ecuación valía personal = resultado, de modo que ya no necesitarás utilizar la procrastinación para soportar las amenazas a tu autoestima y a tu seguridad. Ahora estás preparado para desaprender la procrastinación, cambiando la manera en que te hablas a ti mismo.

3

Cómo te hablas a ti mismo

> No son la disciplina, la voluntad ni la presión de los demás lo que nos facilita la adhesión a un desarrollo desafiante de la acción; son más bien la libertad de elegir alternativas, el compromiso personal con una misión y la disposición a asumir la responsabilidad de las consecuencias de nuestras decisiones lo que da solidez a la voluntad y valentía al espíritu.
>
> NEIL FIORE, *The Road Back to Health*

El sistema de *Hazlo ahora* se fija en el lenguaje, no porque un cambio de vocabulario sea capaz por sí solo de cambiar la procrastinación, pero la manera en que te hablas a ti mismo representa las actitudes y creencias que determinan tu forma de sentir y de actuar. El discurso interior de los procrastinadores sugiere y refuerza inconscientemente sus sentimientos de victimismo, agobio y resistencia a la autoridad. Las imágenes y sensaciones que crean esas palabras casi siempre provocan la procrastinación como medida de autoafirmación y rebeldía. Aprendiendo a retar y cambiar tu diálogo interno negativo, te desprenderás de actitudes sobre tu valía y tu capacidad que son inadecuadas a tu edad, tu intelecto y tu aptitud actuales.

Mensajes contraproducentes

Hablarnos a nosotros mismos con voz autoritaria indica que nos sentimos presionados para hacer algo y que, aunque una parte de nosotros presiona, otra parte no quiere hacerlo. Aunque es habitual tratar de motivarnos con afirmaciones como «tengo que hacerlo» o «debo hacerlo», estas afirmaciones le están diciendo a gritos a la mente «no quiero hacerlo, pero debo obligarme a hacerlo por ellos». La autoalienación y el mensaje subconsciente que implica este tipo de discurso interior conducen al conflicto interno y a la procrastinación.

Con los mensajes de presión intentamos motivarnos a través de amenazas que ponen de manifiesto que la tarea que se requiere de nosotros es desagradable y queremos evitarla. Así, estos mensajes evocan angustia y crean una reacción negativa al trabajo, implicando que es algo que libremente no elegiríamos hacer. Además de ser contraproducentes, estos mensajes no aportan ninguna indicación de lo que tú *quieres*, *decides* o *eliges* hacer.

Para curar esta autoalienación y este conflicto interno entre la voz autoritaria y el rebelde que hay en ti, necesitarás aprender un lenguaje que elimine la necesidad de establecer un conflicto dentro de ti y con aquellos que tú sientes que tienen algún tipo de poder sobre ti.

Cambiar la manera de hablarte a ti mismo es una herramienta muy poderosa para desvincularte de los patrones de procrastinación, duda e indecisión. Mediante un lenguaje de elección y compromiso aprenderás a canalizar tu energía hacia un objetivo y te sentirás poderoso, en lugar de victimizado.

Los mensajes «Tengo que hacerlo» del estrés

El equívoco autodiscurso de la procrastinación —«Tengo que hacerlo pero no quiero. Tengo que hacerlo porque me obligan a hacerlo»— transmite victimismo, resistencia, estrés y confusión. De todas las características que separan a las personas productivas de los procrastinadores, no hay ninguna más liberadora que el enfoque de los productivos por la elección, por elegir. Mensajes del tipo «yo elijo», «yo decido» o «lo haré» dirigen la energía hacia una única meta personal por cuyo resultado se asume una clara responsabilidad.

A menudo caemos en la trampa de decirnos «tengo que» a nosotros mismos de una manera lastimosa, como cuando vamos al dentista, mandamos tarjetas de agradecimiento a los amigos, pagamos impuestos, trabajamos o nos enfrentamos al jefe. Estas afirmaciones confirman la idea de que otros nos obligan a hacer cosas contra nuestra voluntad. El efecto es crear una imagen de nosotros mismos como seres derrotados por las pequeñas tareas de la vida, agobiados, trabajando *duro* y sin alegría. Repetida una y otra vez, una afirmación «tengo que» transmite a tu subconsciente:

- no quiero hacerlo;
- me obligan a hacerlo contra mi voluntad;
- si no lo hago, algo terrible sucederá/me odiaré a mí mismo por ello, y
- no tengo más remedio: si no lo hago, seré castigado; si lo hago, actúo contra mi voluntad.

Estos mensajes crean una enorme sensación de presión del entorno y de ser una víctima indefensa: condiciones listas para usarlas en defensa de la procrastinación. Teniendo en cuenta tu saludable necesidad de defenderte a ti mismo, inevitablemente surgirán la ambivalencia, el resentimiento y la resistencia ante las tareas que empiezan por el «tengo que».

Cuando intenta enfrentarse a todos los mensajes implícitos en «tengo que», tu cerebro debe solventar simultáneamente dos situaciones en conflicto: aportar la energía para la tarea impuesta y también la necesaria para resistir las amenazas a la integridad del yo, es decir, las amenazas a la supervivencia. Y tu cuerpo, un fiel servidor, reacciona ante este mensaje «malo si lo hago, malo si no lo hago» con estrés (abocando toda la energía a la lucha) o bien con una reacción depresiva (conservando la energía necesaria para la supervivencia). Pero ni tu energía puede ir en ambas direcciones al mismo tiempo, ni tu mente puede concentrarse en dos problemas. Mientras decides si es cuestión de luchar por tu libertad o de abordar un trabajo, tu mente y tu cuerpo se quedan paralizados por la procrastinación que provocan los mensajes equívocos y contradictorios.

Con la confusión del mensaje «tengo que», estás atrapado mental, física y emocionalmente. Intentar resolverlo añadiendo presión mediante la disciplina o los escenarios de terribles catástrofes no hará más que agravar el problema. Estas cosas solo confirman la impresión de que la tarea es terrible y desagradable, algo que no harías si tuvieras libertad de elección. Es una sensación similar a cuando eras niño y quienes estaban al mando de tu alimentación, tu refugio y tu aspecto físico te decían que debías hacer algo que no querías. Todos conocemos la sensación de ambivalencia, presión y amenaza, así como el resentimiento y la resistencia que implican. Sin embargo, continuamos hablándonos a nosotros mismos como si, en cierta medida, siguiéramos siendo niños que debemos responder a la otra parte de nosotros que actúa de progenitor amenazante.

Cuando conocí a Betty teníamos que actuar rápidamente. La fecha de presentación del informe anual ya se había retrasado y ella estaba bastante deprimida y pensaba en dejar su empleo. Aunque era una persona muy competente en su trabajo como administradora de una gran empresa de seguros, odiaba hacer el informe anual. Cada año perdía una cantidad considerable de tiempo antes de decidir ponerse a hacerlo. Se la podía oír lamentándose durante semanas: «*Tengo que* hacer el informe», «*Debería* ponerme a redactar el informe», «Me gustaría ir a comer contigo, pero es que *tengo que* acabar el informe anual»... Estaba claro para todo el mundo que Betty se sentía víctima de algo que odiaba hacer. Siempre que había que entregar el informe, su energía y su dinamismo habituales se veían reemplazados por un aspecto deprimido y demacrado. Andaba encorvada como si llevara un enorme peso y sentía una gran fatiga y tensión muscular, además de padecer insomnio. Su vida se convertía en un enorme deber sin libertad ni alegría.

Para lograr unos resultados inmediatos y distanciarse de sus sentimientos de indefensión y victimismo, Betty tenía que cambiar de actitud mientras permanecía en la misma situación en la que tenía una mayor tendencia a procrastinar. «Por lo que a mí respecta —le dije—, no tienes que hacer nada para ser una persona válida. Sin embargo, si vas a hacerlo, más vale que lo hagas asumiendo toda la responsabilidad. Tu mente y tu cuerpo serán capaces de colaborar con este mensaje. Cualquier "tengo que" ha de ser sustituido por la decisión adulta sobre cómo pondrás en marcha el proyecto o sobre cómo le explicarás a tu jefe que no piensas hacerlo.» Después de esta primera sesión, empezó a cuestionar todos los «tengo que» con decisión, con una elección clara que hacía como mujer adulta y madura.

Al día siguiente, Betty decidió trabajar en la parte del informe anual que odiaba menos y le pidió ayuda a su jefe con las partes que encontraba más difíciles. También se prometió a sí misma que si *elegía* redactar este informe, sería la última vez que lo hacía. Betty se ha concedido más alternativas en la vida y, al levantarse a defender su parte infantil, ya no se siente impulsada a procrastinar.

Betty aplicó la fuerza de la elección de manera muy eficaz. Ahora se siente más al mando de su vida. Antes, su lado infantil se sentía atrapado entre su necesidad de la aprobación de los superiores y su necesidad de expresar su temor y su poder a través de la procrastinación. Ahora, con su propio sistema de apoyo interior y el lenguaje más productivo de poder elegir, Betty se enfrenta a las presiones laborales de una manera integrada e inequívoca.

Los mensajes «Debería hacerlo» de la depresión

Para muchos de nosotros, la responsabilidad y la culpa del patrón de la procrastinación están asociadas al lenguaje de los «debería». *Debería*, para los procrastinadores, ha perdido buena parte de su significado original: «No me gustan las cosas como son y voy a hacer algo para cambiarlas». En cambio, ha acabado significando: «Estoy enfadado y decepcionado por cómo son las cosas (es decir, distintas a como creo que deberían ser) y voy a lamentarme y a sentirme mal».

El discurso interior del «debería» tiene el mismo efecto negativo que fijarse objetivos contraproducentes, envidiar a los demás y desear que llegue el futuro. Cada uno crea las siguientes comparaciones negativas y autocríticas:

- «Debería ser distinto» compara un estado ideal imaginario con una realidad actual negativa;

- «Debería hacerse» compara el punto final con un punto de partida malo o negativo;
- «Debería ser como él/ella» compara a una persona a la que envidias o admiras con un yo malo, inadecuado, y
- «Debería estar allí» compara un futuro placentero imaginado con el lugar en el que te encuentras ahora.

Repetidos a lo largo del día, los «debería» se convierten en un cántico contraproducente que programa la mente con un mensaje subliminal negativo: «Soy malo. Estoy en un mal lugar. La vida es mala. Mi ritmo de progreso es malo. Nada es como debería ser». De la misma manera que los «tengo que» denotan estrés, los «debería» reflejan depresión. Cuenta simplemente cuántas veces piensas «debería» o «no debería» en un período de diez minutos y tendrás una buena idea de tu nivel de depresión. Es probable que experimentes una sensación de agobio, victimismo y fracaso.

No digo que no valga la pena luchar por los ideales y los objetivos; lo que digo es que los «debería» crean comparaciones negativas sin indicar cómo ir de dónde estás adonde te gustaría estar. Los «tengo que» y los «debería» *no* transmiten a la mente una imagen clara de:

- *lo que eliges* hacer;
- *cuándo eliges* hacerlo;
- *dónde eliges* ponerlo en marcha, y
- *cómo eliges* hacerlo.

Cuando empieces a hablarte a ti mismo en un lenguaje que se centre en los resultados y no en la culpa, en la decisión en lugar del «tengo que», en lo que es y no en lo que crees que debería ser, encontrarás que tu cuerpo y tu mente colaboran aportando un nivel de energía positiva, libre de los forcejeos innecesarios del pasado y de las comparaciones negativas con el futuro.

Para Don, ser marchante de arte era el trabajo de su vida. Por desgracia, aunque le encantaba el arte, Don odiaba la gestión y los detalles cotidianos de su negocio. Cuando había que preparar las declaraciones de impuestos o incluso encontrar la factura de una venta, Don desperdiciaba una energía considerable reprendiéndose a sí mismo con «Debería haberlo archivado mejor» y «Debería dedicar más energía a la promoción». Hasta cuando conseguía poner un poco de orden en sus archivos, pensaba: «No está todo lo bien que debería porque debí haber empezado antes». Y lo que antes era una vocación se fue convirtiendo en un agobio opresivo.

A Don no parecía importarle si lograba trabajar o si simplemente procrastinaba, siempre tenía más «debería» para hacerle sentir miserable. Cuando vino a verme, Don tuvo que aprender a desprenderse de los «debería haber» del pasado, admitiendo que estas cosas ya escapaban a su control. Le enseñé a identificar los primeros síntomas de la depresión sobre las oportunidades perdidas, a base de recordarse: «Sí, ya ha pasado. Lástima, ya no puedo hacer nada con eso. Pero, ¿qué puedo hacer ahora?». Entonces practicó rápidamente, centrando su atención en un pequeño paso correctivo que podía dar en el presente. Don aprendió también a convertir la energía atrapada y la preocupación por los futuros «debería» en esfuerzo constructivo, preguntándose a sí mismo: «¿Cuál será la próxima ocasión que tendré para ponerme a trabajar por esta meta?». Hablándose a sí mismo de maneras que alteraban sus viejos patrones, Don se volvió muy eficiente desviando la autocrítica y la depresión por lo imposible hacia algo constructivo que fuera capaz de cumplir.

Para evitar quedar atrapado en pensamientos sobre el pasado o el futuro, tendrás que empezar a cambiar tu diálogo interior. Para adquirir eficiencia y productividad, querrás comunicarte claramente a ti mismo lo que decides hacer y cuándo y dónde efectuarás tu compromiso para empezar.

El poder de elegir

La importancia vital de superar los dobles mensajes y los sentimientos de ambivalencia inherentes a los mensajes «tengo que» y «debería» se me hizo clara cuando pertenecía a la 101ª División Aérea del Ejército. Aunque técnicamente todos los paracaidistas son voluntarios, mi comandante me dijo que podía presentarme voluntario a la Academia de Aviación o enfrentarme a la alta probabilidad de saltar sin formación previa. Eso fue en un período en el que nuestra unidad estaba en alerta constantemente por cualquier zona caliente del planeta.

Conseguí superar las extenuantes semanas de doble jornada con botas de combate y haciendo flexiones y entrenamiento bajo el sol de justicia de Georgia en Fort Benning, «hogar de las Fuerzas Aéreas», para enterarme de que realmente esperaban de mí que saltara desde un avión que iba a 240 kilómetros por hora a una altitud de 600 metros. De alguna manera, el esfuerzo necesario para superar la formación de paracaidista te hace olvidar adónde te lleva todo ese entrenamiento. Seguramente, si me hubiera preocupado por eso, habría sufrido miedo al éxito..., el tipo de miedo en el que esperas que tu gratificación por haber trabajado duro sea un trabajo todavía más duro.

Jamás olvidaré aquel primer vuelo. Nuestro avión alcanzó la velocidad y la altitud adecuadas y entonces abrieron la escotilla con la expectativa de que saltáramos. En la cola enfrente de mí, vi a los otros jóvenes tratando de enfrentarse a aquella tarea tan peliaguda con gran vacilación. A medida que se acercaban a la portezuela, muchos ponían las manos en el interior, expresando su inquietud al abandonar la nave; les habían enseñado que tenían que colocar las manos por fuera para impulsarse hacia el exterior. Miraban hacia abajo, al suelo duro, y podías ver cómo sus cuerpos se tensaban y se volvían a encoger hacia dentro, como preparándose para un salto fallido. Desde aquella posición incómoda e insegura, trataban de reunir el coraje para saltar o eran empujados por el sargento, que no son las maneras más indicadas de lanzarse de un avión. En algunas ocasiones, se oía desde dentro del avión un terrible golpe cuando un saltador no se lanzaba correctamente y su cuerpo golpeaba contra el costado del aparato: debido a esa salida mal efectuada, había incrementado sus probabilidades de que su paracaídas funcionase mal y no se abriera adecuadamente.

Al principio estaba paralizado por el miedo —como sobre aquella tabla a treinta metros del suelo—, incapaz de moverme. Tenía todos los síntomas del estrés: manos sudorosas, corazón acelerado, temblor en las rodillas y náuseas. Me decía: «Tienes que hacerlo». Pero eso no hacía más que dejarme claro que estaba ante una locura y que no tenía ningunas ganas de saltar de un avión que volaba perfectamente bien.

Observar a aquellos hombres que se mostraban inseguros al saltar y oír cómo sus cuerpos se golpeaban contra el costado de la nave me ayudó a tomar la primera decisión: «No voy a saltar como ellos», me dije. Ahí es cuando descubrí el poder de elegir, una tercera opción que no es ni «tengo que» ni «quiero». Ese descubrimiento me dio la libertad para ir más allá y tomar dos decisiones más: 1) no me empujarán al vacío y 2) si salto del avión, será por voluntad propia. Voy a optimizar mis probabilidades de saltar con seguridad. El cambio en mi estado de ánimo en aquel momento fue bastante espectacular. El estrés fue reemplazado por la acción decidida; el victimismo, transformado en fuerza.

Cuando me tocó acercarme a la puerta abierta, todo en mí decía: «Yo he decidido saltar de este avión». Coloqué las manos intencionadamente fuera del marco de la puerta para darme impulso hacia el exterior, a través de aquel viento a 240 kilómetros por hora y para despejar cualquier duda sobre quedarme dentro. En lugar de mirar hacia abajo, anticipando la caída, miré hacia arriba, en dirección a una nube que elegí como meta.

Como estaba eligiendo saltar, centré todos mis pensamientos y mi conducta en aquel acto, dejando de lado cualquier idea de no saltar o de «tener que» saltar. Salí por la puerta con un solo objetivo. A la señal, respiré hondo, flexioné las rodillas, me concentré en la nube y me impulsé a través de la puerta, alejándome prudentemente a un mínimo de dos metros de la nave.

La excitación de aquel primer salto me acompañará siempre, como el recuerdo de mi carcajada de alegría cuando aterricé sin el menor rasguño. Pero lo que sería más importante para mí con los años fue la lección de cómo asumes el poder cuando conviertes un «tengo que» en una elección propia.

De la resistencia al compromiso

En esta vida abundan las opciones limitadas y las alternativas desagradables. Recuperarse de una enfermedad, por ejemplo, es una situación común en la que las personas pueden ejercitar su capacidad de elección. Aunque estar enfermo resulta poco recomendable, nos brinda la oportunidad de descubrir que todos nuestros enormes «tengo que», de alguna manera, se llevan a cabo sin nosotros o nos permiten sobrevivir incluso si quedan por hacer. También nos da la oportunidad, durante la convalecencia, de experimentar, a menudo con gran extrañeza, el nacimiento de un auténtico *deseo* de volver al trabajo. De pronto nos sorprendemos eligiendo hacer lo que antes se nos antojaba como una tediosa imposición.

Uno puede imaginarse fácilmente al procrastinador enfermo en la etapa del proceso en la que se «negocia con Dios» para rogar su ayuda: «Prometo que no volveré a procrastinar ni a quejarme por el trabajo. Deja que me cure para poder volver en paz, alegría y salud a mi trabajo». Experimentar ese cambio de energía y de actitud sobre el trabajo es realmente notable y un regalo maravilloso.

La gente que hace dieta y los fumadores que quieren dejar el tabaco experimentan a menudo un cambio radical de la resistencia al compromiso cuando se enfrentan a una situación de vida o muerte o a un embarazo. *The Washington Post* publicó la historia de una mujer llamada Gina, embarazada de su primer hijo. Llevaba años *intentando* dejar de fumar y *tratando* de llevar una dieta más racional. Gina explicaba: «Cuando me quedé embarazada, me olvidé de los cigarrillos y de la comida basura. Empecé a desayunar. Mi almuerzo habitual a base de cacahuetes y Pepsi fue sustituido por un bocadillo y un vaso de leche». Ahora *quería* comer bien. Era un compromiso personal, algo que había elegido hacer, no sencillamente un «debería» impuesto por los demás.

Tú no tienes que saltar de un avión, ponerte enfermo ni quedarte embarazada para experimentar este potente cambio de perspectiva. En tus actividades cotidianas, escucha cómo las imágenes de pasividad e impotencia se crean con tu discurso interior negativo: «No puedo salir a almorzar porque tengo trabajo; tengo que ir a poner gasolina; tengo que comprarle un regalo a mi madre; tengo que ir a la fiesta del despacho». Poner en práctica tu poder de elección te dará la oportunidad de reorientar hacia el esfuerzo constructivo la energía que antes tenías bloqueada por los sentimientos de victimismo y resistencia.

¿Estás dispuesto a vivir con las consecuencias de no hacer estas cosas? ¿Te sentirías mucho más libre si tomaras una decisión clara sobre cualquiera de estas tareas? Tienes elección. No tienes que *querer* hacerlo, ni tampoco tiene que entusiasmarte. Pero si lo prefieres antes que las consecuencias de no hacerlo, puedes decidir *comprometerte* a hacerlo con toda tu alma. Una vez que *tú* mismo decides que vas a ir a la fiesta del despacho, a la gasolinera o a la tienda de regalos, lo lógico es que lo enfoques de la forma más positiva y potente (como el poderoso adulto que eres) con un «*Iré* a comprar el regalo»; «*Estaré* en el dentista a las cuatro»; «Esta mañana *iré* a la jefatura de tráfico», etcétera.

Puesto que has adoptado un compromiso maduro con la tarea, en lugar de discutir con su idea, de paso podrías ser lo bastante cariñoso contigo mismo y hacer que te resulte lo más agradable posible. Hasta cuando la opción es horrenda, puedes ejercer tu poder de elección y aprender a aceptar el camino que parece tener más lógica para ti. Y precisamente porque has elegido hacerlo, se vuelve menos difícil, menos doloroso y más rápido de hacer. Siempre que te sorprendas a ti mismo perdiendo la motivación por un proyecto, busca el «tengo que» implícito en tu discurso interior y toma la decisión en ese momento de aceptar esa opción —tal y como es, no de la manera que crees que debería ser— o abandonarla. Tú eliges.

Aprender a decir no

A los dos años, esa edad tan complicada, los niños aprenden a decir no a casi todo. Eso forma parte de su desarrollo cognitivo y de la personalidad: el desarrollo de un yo separado de sus padres. También se puede interpretar como una aserción de la valía innata, una manera concisa de decir: «No, no tengo que hacerlo. No tengo que hacer nada para demostrar que soy digno de amor y tengo valor». ¿No sería fantástico tener este tipo de certeza sobre nuestra valía como adultos? Para muchos adultos, la única ocasión en la que pueden permitirse decir «No, no tengo que hacerlo» es cuando se encuentran enfermos y a modo de disculpa pueden ofrecer un débil «Lo siento pero no puedo, aunque tan pronto como sea capaz de incorporarme y alimentarme por mí mismo, me levantaré y trabajaré como un esclavo, tratando de hacer lo que debo aunque tenga que volver a poner en peligro mi salud».

Decir «no» es una práctica importante para los procrastinadores. Reduce la probabilidad de tener que hacer apresuradamente una tarea para compensar una percepción de falta de valía. Un «no» directo y maduro aclara las cosas mucho más rápido que un pasivo «Sí, supongo que tengo que hacerlo» que luego te llena de resentimiento y hace que te rebeles contra la procrastinación.

En especial para los procrastinadores, la capacidad de decir «no» es una herramienta muy poderosa para ejercer la elección. Decir «no» es otra manera de decir: «Tal vez sea imperfecto, pero me respeto lo bastante como para decir “No, no tengo que hacerlo”». Es también una manera de evitar acarrear con demasiadas cosas y sentirse agobiado. Es una manera de afirmar «Sé que me puedes presionar, pero no puedes poner en peligro mi sentido de la valía personal». «No» puede usarse de manera asertiva y no defensiva, como en los siguientes ejemplos:

- No, necesitaré tiempo para pensar en ello.
- No, no soy tan rápido como tú, necesito tiempo para madurarlo como es debido.

- No, preferiría tener un contrato con cláusulas que sé que puedo aceptar con los brazos abiertos antes que negociar y poner en peligro la calidad de mi trabajo.
- No, no pienso pagar esta factura ahora, y estoy dispuesto a pagar este privilegio con los intereses que acostumbréis a cobrar.

Desarrollar autoafirmaciones alternativas nuevas que impliquen elección, compromiso y capacidad de decir no es un paso esencial para tener un mayor abanico de posibilidades al trabajar en cualquier tarea y al cambiar de procrastinador a persona productiva. Te darás cuenta de que el siguiente sistema para reprogramar las autoafirmaciones negativas te llevará rápidamente a asociar tus viejos hábitos con correcciones automáticas en la dirección positiva de las personas productivas.

Cinco autoafirmaciones que diferencian a los procrastinadores de las personas productivas

Después de años de estudio y de un análisis a fondo de mi propia procrastinación y de la de mis pacientes de *coaching* y de terapia, he identificado cinco actitudes o autoafirmaciones negativas que conducen a la procrastinación y que separan a los procrastinadores de las personas productivas. Aunque no todos los síntomas encajarán exactamente con tu patrón de procrastinación, identificar cuál de las cinco afirmaciones negativas utilizas te ayudará a sustituirla por los retos positivos que he desarrollado.

1. Pensamiento negativo «Tengo que»

Repetida a lo largo del día, la coletilla «Tengo que» (que significa «Tengo que hacerlo, pero no quiero hacerlo») te aportará una sensación de ambivalencia y victimismo («Tengo que hacerlo, pero si tuviera poder no lo haría») que justifica la procrastinación. Una vez identificada esta autoafirmación y la actitud de víctima que subyace en ella, querrás desafiarla rápidamente con una afirmación que refleje elección propia y una actitud de poder.

Sustituye **«Tengo que»** por **«Elijo hacerlo»**

El lenguaje, las actitudes y las conductas de la gente productiva se pueden adquirir a través de una práctica específica en el trabajo. Por ejemplo, si estás en tu mesa de despacho mirando un montón de correo por contestar y una lista de llamadas no atendidas, lo primero que puedes advertir es que tus hombros empiezan a hundirse hacia delante en un gesto deprimido y agobiado. Es un síntoma claro de que, aunque todavía no te hayas oído decir «tengo que», ya te sientes víctima en lugar de sentirte responsable y poderoso. En este momento de consciencia, escoge ponerte manos a la obra de inmediato o acepta la responsabilidad de elegir postergar el trabajo. Utiliza tu consciencia de un pensamiento o actitud negativos para reorientarte reflexivamente hacia la actitud de elección y poder propia del perfil productivo.

2. Pensamiento negativo «Tengo que acabar»

Decirte a ti mismo «Tengo que acabar» te mantiene concentrado en el producto acabado de algún momento futuro, sin decirte nunca por dónde tienes que empezar. «Acabar» está a una distancia vaga, lejos de donde tal vez te encuentres a nivel de conocimientos, confianza y perspectiva. Este enfoque hará que la tarea te parezca todavía más inabarcable, casi imposible. Precisa ser cuestionada y sustituida por un compromiso sólido de empezar ahora.

Sustituye **«Tengo que acabar»** por **«¿Cuándo puedo empezar?»**

«¿Cuándo puedo empezar?» es el eslogan de las personas productivas. Sigue automáticamente a cualquier preocupación por acabar y estar agobiado y reemplaza la energía dispersa por una concentración clara en lo que puede hacerse ahora. Funciona como un dispositivo de respuesta que reorienta cualquier foco de distracción al punto de partida del proyecto. Y si te resulta imposible empezar de inmediato, «¿Cuándo tendré la próxima ocasión para empezar?» funciona para reprogramarte hacia un inicio dirigido y fácil en el futuro próximo, con una imagen clara de cuándo, dónde y sobre qué te pondrás en marcha.

3. Pensamiento negativo «Este proyecto es demasiado grande e importante»

La sensación de agobio se agrava cuando pensamos que un proyecto es amplio e importante. Lo que realmente te estás diciendo es: «No sé cómo seré capaz de hacer algo tan extenso. Es un asunto muy importante. El proyecto ha de impresionar a todos. Estoy ante el mayor reto de mi vida».

Cuanto más grande y sobrecogedor te parezca el proyecto, mayor será tu tendencia a procrastinar. La ansiedad reemplazará tu tendencia natural hacia la motivación y la curiosidad cuando te estés agobiando con todos los pasos que conlleva y con la imagen de todo lo que te juegas con este proyecto tan importante.

Sustituye **«Este proyecto es tan grande e importante»** por **«Puedo dar un primer paso»**

Siempre que empieces a sentirte superado por los proyectos grandes y magníficos que se te presentan, recuerda:

«Puedo dar un primer paso: un paso pequeño; un primer borrador; un esbozo imperfecto; un pequeño saludo. De momento es lo único que tengo que hacer». Una casa no se construye de inmediato: lo único que puedes hacer ahora es poner el cemento para los cimientos, clavar un clavo, levantar una pared..., paso a paso. No podrás nunca escribir un libro entero ahora, a lo sumo serás capaz de escribir un capítulo, unas cuantas páginas cada vez. Un solo paso pequeño es algo que sabes que puedes cumplir ahora. Cuando este único paso manejable sea comparado con la obra colosal, te dejará tiempo para aprender, relajarte y recuperarte entre una serie de pequeños pasos. Con cada paso tendrás tiempo de apreciar tus logros, de ganar perspectiva sobre tu dirección y de volver a involucrarte con tus objetivos a largo plazo.

4. Pensamiento negativo «Tengo que ser perfecto»

Decirte a ti mismo «Tengo que ser perfecto, no podría soportar cometer un error» aumentará muchísimo las posibilidades de que necesites recurrir a la procrastinación para amortiguar el dolor que te producen los fracasos y las críticas. Significa también que parte de tu discurso interior se basa en condenar cualquier pequeño paso de avance como algo insignificante comparado con lo que crees que debería ser. Si te exiges a ti mismo una presentación perfecta, un proyecto que esté por encima de las críticas, el seguimiento perfecto de una dieta o un hogar impecable, estás abocado a la derrota y a una autocrítica inevitable. Cuanto más perfeccionista y crítico seas contigo mismo, más difícil te resultará emprender un proyecto que ya sabes que nunca será lo bastante bueno. Aferrarte a una idea de perfección te hará temer ver el aspecto real de lo que produces, te impedirá prepararte para el fracaso con un plan que te ayude a recuperarte y aumentará tu tendencia a abandonar tu proyecto cuando te enfrentes a un problema normal en el proceso de desarrollo. Irónicamente, ser perfeccionista y criticarte a ti mismo por los errores hace que el fracaso sea más probable y negativo.

Sustituye **«Tengo que ser perfecto»** por **«Puedo ser perfectamente humano»**

Sustituye la exigencia de una obra perfecta por la aceptación (no la resignación) de tus límites humanos. Acepta los llamados errores (en realidad, respuestas) como parte del proceso natural de aprendizaje. Necesitas autocompasión en lugar de autocrítica para apoyar tus valientes esfuerzos al enfrentarte a los inevitables riesgos de hacer un trabajo real e imperfecto, en lugar de soñar con el proyecto perfecto y acabado. Querrás ser especialmente delicado contigo mismo cuando reconozcas que, como novato, debes dar tus torpes primeros pasos antes de alcanzar la seguridad de un maestro. A medida que aprendas a esperar y aceptar la imperfección de los primeros pasos de tus proyectos, construirás la persistencia de la actitud productiva y te encontrarás mejor preparado para recuperarte porque contarás con una red de protección hecha de compasión.

A los procrastinadores bloqueados por una adicción al perfeccionismo les recomiendo a menudo un ataque directo para desaprender este patrón insidioso. Intenta ser imperfecto. Haz la primera parte de tu proyecto con una torpeza intencionada (todavía no se lo enseñes a tu jefe), hazlo rápido y mal presentado. Si sueles trabajar con ordenador, hazlo en un cuaderno de papel; si trabajas normalmente con tinta, hazlo con lápiz..., pero con imperfección humana. Y luego observa cómo surge tu motivación natural por la excelencia a medida que aprecias el genio de tus primeros pasos y te comprometes al trabajo de pulir el proyecto.

5. Pensamiento negativo «No tengo tiempo para jugar»

Afirmaciones como «Tengo que trabajar todo el fin de semana», «Siento no poder venir, pero tengo que acabar este proyecto», «Esta noche estoy ocupado, tengo una fecha de entrega» te harán sentir el resentimiento hacia tu trabajo que proviene de los largos períodos de privación y aislamiento. Repetir estas afirmaciones crea la sensación de tener una vida llena de obligaciones y exigencias, las cuales te llevan a perderte las cosas de las que los demás disfrutan en la vida.

Sustituye **«No tengo tiempo para jugar»** por **«Debo tomarme el tiempo para jugar»**

Insistir en reservar tiempo para hacer ejercicio, cenar con los amigos, hacer pausas frecuentes durante el día y tomar vacaciones de vez en cuando durante el año aumenta los sentimientos interiores de valía personal y de respeto hacia ti mismo, que son la base de desaprender la necesidad de procrastinación. Saber que tienes algo que te hace ilusión en el futuro próximo —un compromiso firme con el ocio y con el tiempo compartido con tus amigos— amortigua el temor al trabajo difícil. La aplicación de estas cinco autoafirmaciones positivas reduce el dolor asociado al trabajo, al tiempo que aumenta tus posibilidades de darte cuenta de que el trabajo por sí mismo puede resultar gratificante. Además, tu trabajo de calidad aumenta el placer de un ocio sin culpabilidad que puedes estar orgulloso de haberte ganado. Y reforzar los pequeños pasos con frecuentes gratificaciones aumentará la probabilidad de hacer un progreso continuado.

Los mensajes contraproducentes del procrastinador se resumen en «Tengo que acabar algo muy importante y hacerlo a la perfección trabajando duro durante largos períodos de tiempo, en los que me será imposible dedicarme al ocio». Lo que tienes que hacer es desafiar y reprogramar esta afirmación confusa y contraproducente con la potente propuesta de la persona productiva:

«Elijo empezar dando un primer paso, sabiendo que tendré mucho tiempo para dedicarlo al ocio».

Por suerte, no tienes por qué esperar a haber detenido totalmente tus pensamientos y autoafirmaciones negativos para cambiar tu conducta. En lugar de ello, puedes usar tu consciencia del viejo patrón de comportamiento para estar alerta y elegir una vía más efectiva. Es como si fueras el ferroviario encargado de cambiar las agujas de las vías del tren: hay una locomotora que avanza lentamente por la vía y cruza un paso a nivel que te indica que tienes que desviarla hacia otra vía.

Cada vez que eliges trasladar tu energía del discurso procrastinador al lenguaje de la productividad, te encarrilas por una nueva vía de células cerebrales, un nuevo itinerario neurológico en tu cerebro. Una vez hayas cambiado varias veces del viejo al nuevo itinerario, las nuevas asociaciones se habrán reforzado y serán más fáciles de iniciar, mientras que las antiguas se irán atrofiando. Cada vez que tomes una decisión consciente de crear seguridad para ti mismo y de hablar el idioma de los productivos, estarás desaprendiendo los hábitos de procrastinador al tiempo que refuerzas los nuevos hábitos saludables de la persona productiva.

Practica cambiar de tu habitual discurso al efectivo discurso de los productivos que aparece en la columna derecha. Pega las frases alrededor del ordenador, por tu mesa y en la nevera.

PROCRASTINADORES	PRODUCTIVOS
Tengo que hacerlo	Elijo hacerlo
Debo acabar	¿Cuándo puedo empezar?
Este proyecto es demasiado grande e importante	Puedo dar un pequeño primer paso
Debo ser perfecto	Puedo ser perfectamente humano
No tengo tiempo para el ocio	Debo dedicar tiempo al ocio

4

Ocio sin culpa, trabajo de calidad

> Una de las cosas más trágicas que sé de la naturaleza humana es que todos nosotros tratamos de postergar la vida. Todos soñamos con algún jardín de rosas mágico más allá del horizonte, en lugar de disfrutar de las rosas que se están abriendo hoy al otro lado de la ventana.
>
> DALE CARNEGIE

Todos hemos oído alguna vez la broma: «Iba a dejar de procrastinar, pero, al final, he decidido posponerlo». Una de las consecuencias más devastadoras de la procrastinación es que lleva a postergar la vida. A menudo permitimos que su círculo insidioso nos impida experimentar las gratificaciones de nuestros logros en el trabajo y el pleno placer de nuestro ocio.

«Aplazar la vida» es la forma más trágica de procrastinación en la que nos podemos involucrar. No solo nos impide completar las tareas realmente importantes de la vida, sino que merma el respeto que sentimos hacia nosotros mismos, manteniéndonos en tácticas destructivas y de postergación como comer en exceso, mirar la tele demasiadas horas, invertir tiempo y dinero en una sucesión de aficiones y estructuras deseadas a medias y rápidamente abandonadas.

Intentar escatimar las vacaciones, el descanso y el ejercicio nos conduce a suprimir el espíritu y la motivación, a medida que la vida se va pareciendo más a un interminable plato de espinacas sin que el postre parezca llegar nunca. Para mantener la motivación bien alta y disminuir la necesidad de procrastinar frente a las fuertes exigencias de la vida de rendimiento máximo, necesitamos disfrutar del ocio sin sentirnos culpables para recargarnos con períodos de renovación física y mental.

No es casualidad que lo que separa a los adictos al trabajo y los procrastinadores a largo plazo de las personas productivas y las que dan el máximo rendimiento sean características similares. El doctor Charles Garfield, autor de *Peak Performance*, nos dice que las personas que tienen un rendimiento óptimo superan a los adictos al trabajo en tomar vacaciones, en salud y en obtener el máximo resultado de las tareas que marcan realmente la diferencia. Tanto los adictos al trabajo como los procrastinadores tienden a:

- Sentirse siempre agobiados por el trabajo incompleto. Se ven siempre trabajando, pero a pesar de ello no creen merecer un descanso.
- Piensan en sus vidas como «en espera», con solo una esperanza remota de que algún día estarán lo bastante organizados o habrán logrado lo bastante como para disfrutar de la vida.
- Consideran que los seres humanos son vagos y que requieren presión para crearles motivación. Ambos utilizan el discurso negativo y las amenazas interiores, pero el adicto al trabajo responde a esta presión

estando siempre ocupado y los procrastinadores se agobian y se quedan paralizados por la angustia.

- Mantienen actitudes negativas hacia el trabajo. Consideran el trabajo infinito e insaciable, que requiere de privación y sacrificios que los adictos están dispuestos a hacer, a menudo para evitar acercarse demasiado a nadie. Los procrastinadores exageran el sacrificio y se refugian en un ocio deseado a medias, por miedo a no ser capaces de jugar nunca más.

Tanto los adictos al trabajo como los procrastinadores crónicos o bien están trabajando o bien se sienten culpables por no estar haciéndolo. Marilyn Machlowitz, en su tratado *Workaholics: Living with Them*, y el doctor Alan A. McLean, director médico de IBM, en su libro *Work Stress*, indican que muchos adictos laborales se hallan en baja forma y estresados, están quemados y sufren de conducta de tipo A. La gente productiva, en cambio, tiende a ser consciente de la importancia del ocio y de la importancia de disfrutarlo sin sentimientos de culpa.

La importancia del ocio

> Una vez estoy aquí y en antena, hago lo que más me gusta. Esto no es trabajo.
>
> Jim Gabbert, fundador de TV20, San Francisco

Cuando alguien te dice que su trabajo no es realmente trabajo, en realidad te está diciendo: «En realidad no hago ningún esfuerzo para venir a trabajar. He logrado escapar de los confines de las antiguas definiciones de trabajo, ocio y la naturaleza humana. Tengo mi propio sentido del deber que me ayuda a combinar el trabajo con el ocio. Para mí, trabajar es divertido; no es la tarea dura y ardua que la moral de trabajo que me inculcaron me enseñó que sería. Tengo energía y estoy motivado: no soy vago en absoluto de la manera que me contaron que somos todos de manera natural. No necesito que nadie me presione para hacerme trabajar».

Estudiando el estilo de actuación de los que logran cumplir, he aprendido lo esencial que resulta el ocio libre de culpa para lograr desempeñar un trabajo de calidad y minimizar la procrastinación. Un compromiso firme con el ocio sin culpa contribuye a recargar las pilas, creando una motivación, una creatividad y una energía renovadas para todos los demás aspectos de tu vida. Saber que el trabajo no te privará de disfrutar de las cosas buenas de la vida hará que te sea más fácil enfrentarte a un trabajo intenso sin miedo a que éste domine tu vida. Saber que trabajar en algo importante será amenizado con citas con tus amigos, con períodos de ejercicio y con tiempo libre te ayudará a enfocar las tareas con menos miedo de acabar agobiado. En lugar de que un proyecto se convierta en algo demasiado enorme para que lo gestiones, programar momentos de ocio sin sentirte culpable te hará consciente de que tendrás respiros y apoyos a lo largo del camino.

El ocio sin culpa se basa en la aparente paradoja que, para poder desempeñar un trabajo provechoso y de alta calidad en los proyectos importantes, tienes que dejar de aplazar la vida y entregarte totalmente a los momentos de recreo y relajación. ¡Eso es! Puedes ser más productivo si juegas más. Y mientras pones en marcha la estrategia del ocio sin culpa, aprenderás a jugar más y conseguir hacer más trabajo de calidad.

Mi primer encargo como psicólogo en el Counseling Center de la Universidad de California, en Berkeley, fue como asesor adjunto de un grupo de estudiantes de doctorado que estaban procrastinando con su tesis doctoral. Nos reuníamos una vez por semana para brindar apoyo a esos estudiantes sometidos al intenso, estresante y a menudo solitario proceso de completar lo que hasta el momento era el proyecto más enorme de su vida.

Me interesé por ver las diferencias que había entre los que dedicaban muchos años a completar su proyecto y los que eran capaces de completar su investigación y redactar la tesis en dos años o menos. Curiosamente, la inteligencia y los problemas emocionales no eran las características que diferenciaban a los dos grupos; la diferencia real parecía residir en que los que tardaban entre tres y trece años en acabar su tesis sufrían más. Esos procrastinadores a largo plazo:

- Siempre estaban trabajando. Se mantenían ocupados llevando a cabo trabajos concretos.
- Pensaban en sus vidas como en un «compás de espera». Habían borrado sus agendas para poder estar siempre trabajando, mientras que las fiestas, los amigos y el ejercicio quedaban postergados a «D. T.» (después de la tesis).
- Sentían que el trabajo requiere privación y sacrificio. Suponían que el trabajo ha de ser difícil, tenían que sufrir para producir un buen resultado.
- Se sentían culpables si pasaban tiempo con sus amigos o en actividades de ocio. Como en realidad no estaban siendo productivos, se sentían culpables al dedicar cualquier tiempo a divertirse, de modo que su ocio era a medias y lleno de culpa en lugar de un momento de calidad y libre de culpabilidad.

Muchos de ellos estaban en baja forma y vivían en lugares parecidos a campos de batalla llenos de papeles, libros, latas de café vacías y ropa sucia. Uno de los alumnos llevaba una camiseta que decía: «No me preguntes por mi tesis».

Por otro lado, los que progresaban adecuadamente con el fin de acabar en un año se dedicaban y participaban a gusto en sus actividades de ocio. Su salud y su ocio eran prioridades y parte integral de su plan general de hacer una buena tesis. Se obligaban a nadar, correr o bailar casi a diario. A ver a sus amigos para cenar varias veces a la semana. Estaban realmente «recreados» —en el sentido original de la palabra «recreación»— de una manera que los mantenía motivados e interesados por volver a sus proyectos durante quince, veinte o veinticinco horas de calidad a la semana. Sus vidas eran plenas. No consideraban su trabajo algo que los privara de nada; más bien al contrario, trabajar intensamente y dedicarse intensamente al ocio iban de la mano en su actitud de disfrutar de la vida. Vivían ahora, no esperaban a hacerlo cuando hubieran acabado su trabajo.

Uno de los motivos que nos llevan a procrastinar es el miedo a que, una vez nos pongamos a trabajar, ese trabajo nos privará del ocio y de disfrutar de la vida. El ocio sin culpa nos aporta una manera de solventar este problema, insistiendo en planear momentos de ocio en la agenda semanal. Hacer del ocio una prioridad en la vida forma parte de aprender a superar la procrastinación.

Los adultos suelen considerar el juego como algo separado del aprendizaje y del trabajo, pero el juego es una parte esencial del desarrollo de todos los niños y de su aprendizaje sobre el trabajo. A través del juego adquirimos los conocimientos físicos, mentales y sociales necesarios para la vida adulta. Con juguetes e imaginación, los niños crean escenas que los preparan para el trabajo, las relaciones y los conflictos. A través del juego, los niños expresan sentimientos complicados, negocian y renegocian las promesas, solucionan problemas y aprenden perseverancia, absorción en el trabajo y concentración intensa. Algunos de los aprendizajes y «trabajos» más esenciales de los que hacemos en la vida se consiguen mientras jugamos.

El psicoanalista y pediatra británico D. W. Winicott escribió en su libro *Playing and Reality* que es en el juego donde construimos la confianza en la fiabilidad de nuestra creatividad y nuestra emoción por el descubrimiento: el movimiento de no-saber a saber, de falta de control sobre los problemas a control y resolución de problemas. Además, a través del juego aprendemos a trabajar solos con una concentración profunda, habiendo pasado con cuidado y gradualmente por los pasos iniciales de disfrutar del juego con mamá o papá, a disfrutar del juego con un juguete en su presencia, a jugar solos con la confianza que nos daba sabernos queridos.

Los adultos utilizamos estos conocimientos adquiridos en la infancia para trabajar solos y estar quietos durante horas delante de una pantalla de ordenador, una mesa de dibujo o un libro de contabilidad. Acudimos a los estados mentales y físicos de la concentración y la creatividad adquiridos hace décadas, mientras jugábamos en la seguridad del hogar. Más tarde en la vida necesitamos estas experiencias para enfrentarnos a las tareas que requieren resolución, persistencia y riesgo del error y del rechazo.

Los niños no tienen problemas de motivación. Un niño de tres años insistirá en participar en barrer la casa o ayudar a fregar los platos. Para él todo es un juego y un aprendizaje. Pero esta emoción propia del aprendizaje se va perdiendo a lo largo del proceso en el que se nos enseña a adaptarnos a las expectativas sociales y que hay castigo por no adaptarse. No hay nada especialmente malo en entender las expectativas sociales; lo que es nocivo es la manera insidiosa en el que tales enseñanzas nos transmiten demasiado a menudo que somos vagos y que podríamos convertirnos en procrastinadores malos. Como dijo Winston Churchill, abordando un tema similar: «Personalmente siempre estoy dispuesto a aprender, aunque no siempre me gusta que me enseñen».

Que nos enseñen que el trabajo es desagradable y que somos vagos nos lleva a creer que necesitamos la presión, los «tengo que» y los «debería» para impedirnos huir a jugar. Y la pérdida del juego sin culpa en nuestras vidas hace que las tareas de la vida se nos antojen más pesadas, privadoras y difíciles de lo que deberían ser. El ocio sin culpa puede ayudarnos a revivir nuestra emoción inicial por el aprendizaje, por la resolución de problemas y por la participación en actividades desafiantes.

El método de arrastre de la automotivación

Cuando emprendemos un proyecto difícil, normalmente nos planteamos abordarlo en partes grandes que requieren largos períodos de trabajo en solitario. Pero la anticipación de un aislamiento prolongado de los amigos y el ocio tiene tendencia a incitarnos a la procrastinación. Los efectos de estos hábitos de trabajo en tu mente y tu cuerpo son parecidos a lo que experimentan los presos en confinamiento solitario y sometidos a estudios de privación sensorial, a los que se envuelve como momias para minimizar las sensaciones. Cada una de estas actividades reduce drásticamente el movimiento físico y la estimulación visual, haciendo que la mente esté madura ante cualquier ansiedad creada por la autocrítica, el miedo al abandono y las amenazas de fracaso.

Tenemos más tendencia a trabajar de manera productiva cuando podemos anticipar placer y aciertos en lugar de aislamiento y ansiedad. La exigencia de veinte horas —o solo cuatro— de trabajo tedioso en condiciones de confinamiento y esfuerzo raramente nos aportará motivación, sobre todo, cuando existen tantas alternativas más agradables. Ante la disyuntiva entre rellenar los formularios de la declaración de renta o quedar con un viejo amigo, el viejo amigo tiene muchas más posibilidades..., a menos que dispongas de una estrategia.

Cuando intentas motivarte para empezar a trabajar hacia una meta, ¿te impulsas hacia la meta a base de amenazas o utilizas tu atracción por el objetivo para avanzar hacia delante? Por desgracia, la mayoría de las personas utilizan un método de empuje de la motivación, desconocedoras de que hay alternativas.

En cualquiera de un abanico de sectores, incluido el militar, los negocios o las academias de aprendizaje, estamos sometidos a amenazas —el «método de empuje» de la motivación— diseñadas para estimular la acción a través del miedo al castigo. El hecho es que la acción arbitraria producida por el castigo o el miedo no se dirige hacia una meta, sino más bien, como la procrastinación, hacia la huida del miedo. Estas tácticas de castigo crean a menudo un miedo paralizante en lugar de un efecto motivador. Con demasiada frecuencia, este tosco método se utiliza más como ejercicio de la autoridad y el control que para alcanzar unos resultados positivos. El recurso de las amenazas por parte de aquellos que detentan la autoridad es un ejemplo de cómo la solución deseada, en lugar de generar una motivación positiva hacia la meta, es contraproducente y contribuye a la procrastinación, creando resistencia a la autoridad, temor al fracaso y miedo al éxito.

El «método de empuje» de la gestión asume que los seres humanos son básicamente vagos y que asustarlos hará brotar la motivación. Por ejemplo, los que están al mando podrían decir:

> «Soldado Jones, si no acaba usted de pelar todo este cargamento de patatas antes de las cinco en punto, perderá el permiso de fin de semana durante los próximos seis meses.»

«Este mes, la empresa necesita generar 200.000 dólares en ventas o todos tendremos que ponernos a buscar trabajo.»

«A menos que aumentes el número de clientes que visitas cada día hasta quince como mínimo, tendremos que cerrar el centro.»

«Será mejor que esta clase de primero vaya enterándose de que han venido a trabajar duro. Al final del semestre deberéis haber leído toda esta estantería de libros y, para cuando os licenciéis, la pared entera.»

El «método de arrastre», en cambio, asume que somos inquisitivos por naturaleza y que, si se gratifican adecuadamente nuestros esfuerzos, podemos perseverar hasta con la tarea más difícil. Una persona más conocedora de la autoridad podría decir:

«Soldado Jones, por cada cesto de patatas que pele ganará un día de permiso más. Si acaba toda la carga antes de las cinco, obtendrá un fin de semana adicional.»

«Este mes, la empresa necesita generar 200.000 dólares en ventas. Esto significa que todos tenemos que esforzarnos un poco más para poder respirar con mayor tranquilidad el mes que viene. Me gustaría escuchar algunas ideas sobre qué deberíamos hacer para aumentar las visitas, los contactos con los clientes y el cierre de las ventas en, al menos, un diez por ciento.

«Esta semana aprenderás a centrar al cliente en el tema y a completar el contacto más rápido. En un par de semanas dispondrás del tiempo necesario para visitar a quince clientes al día tranquilamente.»

«Imaginad que, cada vez que leéis un capítulo de vuestro libro de texto, lo colocáis en este estante vacío. Capítulo a capítulo y libro a libro, iréis llenando todo el estante hasta final del semestre. Para cuando os licenciéis, habréis leído los libros suficientes para llenar todos los estantes de esta pared.»

El método del arrastre reconoce que las gratificaciones lejanas e indefinidas, como un «posible trabajo» al finalizar cuatro años de formación, tienen muy poca fuerza para motivar a una persona a enfrentarse continuamente a tareas difíciles y agobiantes. La promesa de compensaciones futuras por el trabajo duro tiene poco control sobre lo que elegimos hacer ahora. En cambio, las recompensas más inmediatas y definidas de la vida, como el ocio, la perspectiva de encontrarse con los amigos o tomar un helado, son placeres tangibles y, por lo tanto, tienen una mayor probabilidad de ocurrir.

Este modelo de motivación indica que hay pocas posibilidades de que te pongas a trabajar en algo cuyos resultados inmediatos son el aislamiento y el dolor y cuyas gratificaciones son inciertas y lejanas. También indica que las posibilidades de elegir este tipo de trabajo en lugar de actividades de ocio son todavía más remotas. Al fin y al cabo, la diversión, holgazanear y comer demasiado son gratificaciones inmediatas y cualquier castigo queda en el futuro lejano. En otras palabras, para controlar tus hábitos de trabajo, tienes que hacer que los períodos de trabajo sean más breves (menos dolorosos) y que las gratificaciones sean más frecuentes e inmediatas (más placenteras), es decir, entrelazar breves períodos de trabajo con pausas y recompensas.

Si, por lo tanto, estás interesado en enfrentarte a una tarea amplia y minimizar la procrastinación, tienes que estructurar las gratificaciones de manera que aumente la probabilidad de que te pongas manos a la obra cada día. Si eres jefe, también querrás estructurar el entorno de trabajo de manera que los empleados se sientan satisfechos de trabajar juntos y de compartir un objetivo, de ayudar a los otros y de los cumplidos sobre sus progresos que reciben cada semana, además de la seguridad de su sueldo mensual.

Para aquellos que hemos sido educados en la ética puritana del trabajo, resulta difícil aceptar que los seres humanos nos sentimos más motivados por el placer que por el dolor. De hecho, incluso los puritanos originales debían dejar de trabajar en el *sabbat*. Además de la importancia religiosa de rezar en el *sabbat*, la fiesta servía como día de descanso para que pudieran *re-crearse* y ser capaces de trabajar todavía más duro a la semana siguiente y ser más productivos. La actual palabra «recreo» proviene de esta concepción inicial del trabajo.

Los adictos al trabajo de hoy en día, aunque minimizan la importancia del ocio, en general son capaces de apreciar la gran tradición estadounidense del «Trabaja duro y diviértete duro». Sin embargo, el sistema de *Hazlo ahora* enfoca la conexión entre recreo y productividad de una manera más estratégica, usando la psicología inversa para alterar ligeramente el concepto, de manera que se convierta en «Diviértete duro para luego trabajar de manera más productiva y eficiente».

Cuando conocí a Jeff, un profesor de universidad de treinta y cinco años, se sentía culpable y frustrado por no dedicarse a su profesión todo lo que creía que debía. Quería leer más artículos de investigación y publicar en alguna revista profesional. Pero en los últimos tres años había sido incapaz en varias ocasiones de acabar ni un solo artículo académico y empezó a verse a sí mismo como perezoso y procrastinador. Inicialmente fue un buen ejemplo de lo ineficaz que puede resultar el método de empuje de la motivación. Pero Jeff resultó ser un ejemplo excepcional de cómo el ocio sin culpa y la «motivación de arrastre» lleva al trabajo de calidad.

Jeff estaba atrapado. Se sentía culpable por no hacer ninguna aportación a su especialidad y se sentía presionado por sus colegas para publicar. Pero no estaba dispuesto a comprometerse con las largas horas de trabajo solitario necesarias para leer revistas profesionales y escribir.

Después de hablar un rato con él, me quedó claro que había intentado, casi sin éxito, superar su procrastinación siguiendo todos los métodos que se le ocurrieron para presionarse y atemorizarse para escribir. Yo había aprendido con dureza a no competir con tal resistencia: necesitábamos una estrategia totalmente nueva, no podíamos seguir con la misma presión y el mismo empuje.

Así, decidí decir algo que sabía que chocaría pero también intrigaría a un tipo brillante como Jeff. Le aconsejé que abandonara toda su autotortura, que solo le llevaba a la frustración y a la depresión. Le dije: «Tómate un descanso y haz algo que te guste de verdad, algo que lleves tiempo queriendo hacer». Después de repasar una lista de cosas que incluían *windsurf*, esquí, cantar, claqué y lecciones de música, Jeff eligió apuntarse a un grupo de teatro.

Se presentó a un *casting* para una obra y le asignaron un papel menor pero importante. Jeff se encontró ante un compromiso de entre veinte y treinta horas de ensayos a la semana. Esto significaba que no tenía tiempo para pensar, y mucho menos para sentirse culpable, en escribir artículos profesionales durante los siguientes dos meses de ensayo y producción.

Jeff disfrutó tanto de todo el proceso de interpretación que milagrosamente logró encontrar veinte horas a la semana —y la energía necesaria— para trabajar duro y cumplir su compromiso con el director y el resto del reparto.

La obra fue un éxito, pero lo más importante para Jeff fue que el proceso resultó divertido. Participar plenamente en la realización de aquella obra fue como estar en unas deseadas vacaciones. Según algunas definiciones, había trabajado duro; al fin y al cabo, había invertido el tiempo suficiente cada semana como para un trabajo a tiempo parcial. Pero Jeff se sentía descansado y satisfecho porque era una tarea que le encantaba y que cada día tenía muchas ganas de hacer.

Además, durante aquellos dos meses, su vida se convirtió en algo más que un *intento* de trabajo y el sentimiento de culpa por no cumplir las metas planteadas. Jeff había aprendido de una manera muy concreta que podía comprometerse con algo y encontrar el tiempo para cumplir su compromiso. Pero al final de todo este trabajo con la obra de teatro, Jeff se encontraba un poco deprimido. Había cumplido con una de las metas de su vida, y eso lo hacía sentirse bien, pero no era algo que pudiera seguir haciendo. Jeff aprendió que hacía falta mucho compromiso, concentración y tiempo para participar en una obra; eso significaba sacrificar parte de las otras actividades que le satisfacían. Ahora que aquellas veinte horas semanales de actividad y satisfacción intensas ya no formaban parte de su ritmo, sentía un vacío.

Jeff empezó a darse cuenta de que, si había sido capaz de conseguir entre veinte o treinta horas a la semana durante dos meses, podía encontrar también el tiempo necesario para dedicarlo a escribir un artículo. Pero antes tendría que cambiar su manera de pensar sobre aquella tarea que se le antojaba tan imponente. Jeff sabía ahora lo importante que era tener algo durante la semana que realmente le gustara para reducir la sensación de agobio y privación derivada de trabajar en su proyecto de investigación. Cambió la tarea que tenía en mente para que, en lugar de ser algo que consumía todo su tiempo —incluido su tiempo libre—, se convirtiera en algo que pudiera hacer a tiempo parcial, durante diez o veinte horas a la semana.

Jeff reorganizó su horario para incluir en él compromisos serios con el ejercicio y los amigos. Eso le dejó claro que los períodos de trabajo aislado deberían ser breves y concentrados. Equipado con un mejor entendimiento de su capacidad de disfrutar de la vida, Jeff regresó a la tarea de ponerse a escribir su artículo.

Encontrar diez horas a la semana le resultó relativamente fácil ahora que había destinado veinte a los ensayos. Ponerse en marcha le siguió costando, pero a base de mantener cierto ímpetu durante períodos diarios de trabajo, pronto Jeff fue capaz de ver cómo su artículo cobraba forma. A partir de ahí fue ya sencillamente cuestión de perseverancia, a medida que su interés natural por el tema lo llevaba hasta el final de la redacción... conduciéndolo a la meta que ahora podía ver como factible.

Jeff encontró la manera de reintegrar la escritura en su vida, sin convertirlo en un martirio y sin tener que usar la fuerza ni las amenazas. En pocos meses tuvo su artículo listo para mandarlo a una revista para su aprobación. Después de un rechazo inicial y unas cuantas revisiones, el artículo fue aceptado para su publicación en una prestigiosa revista.

Del ocio sin culpa al trabajo de calidad

Disfrutar del ocio sin culpa forma parte del círculo que te llevará a alcanzar un nivel más alto de trabajo creativo de calidad. El círculo sigue un patrón que suele empezar con *ocio sin culpa*, o al menos con su programación. Esto te da una sensación de libertad en la vida que te permite conformarte más fácilmente con períodos breves de *trabajo concentrado y de calidad*. Una vez tienes cierto trabajo de calidad de tu proyecto cumplido, tu sensación de autocontrol aumenta, como también lo hacen tu confianza en tu capacidad de concentrarte y de resolver los problemas de manera creativa. A su vez, también aumenta tu capacidad de disfrutar de un *ocio de calidad y sin culpa*. Tu sensación profunda de haberte ganado el tiempo fuera del trabajo potencia tu capacidad de entregarte al ocio de calidad con tus amigos, que realmente empieza a compensarte a medida que te involucras en *trabajos creativos mientras te distraes*. En esta etapa del ciclo, las semillas del primer trabajo de calidad brotan subconscientemente en forma de nuevas ideas y avances. Y te sientes motivado para regresar a la tarea interesado en aplicar tus nuevas soluciones. Ahora estás bien descansado, inspirado y listo para un *trabajo de mayor calidad*. El ocio creativo y sin sentimientos de culpa te anima y te aporta motivación para volver al trabajo. Cuando te encuentras sentado frente a tu ordenador o haciendo llamadas a tus clientes, estás listo para trabajar de una manera que sintetice lo mejor de tus procesos conscientes y subconscientes porque has adquirido el secreto del ocio sin culpa. En el capítulo siguiente aprenderás a utilizar este principio en una aplicación única de psicología inversa, la no agenda, en la que primero anotas tus ratos de ocio de alta calidad y libre de culpas.

A medida que incluyes el ocio sin culpa entre tus herramientas para superar la procrastinación, te darás cuenta de que durante el día tienes momentos de inspiración. De pronto te das cuenta de que jugar al golf, correr, leer una novela o hablar con un amigo te aportan ricas metáforas para tu programa de ventas, para negociar un contrato, para tu presentación a la junta directiva o para lograr tu propósito de dejar de fumar. «Sencillamente se me ocurrió, cuando volvía andando de jugar a tenis, que asociarnos con el Grupo Jones podría ser una gran oportunidad para nuestra empresa», podrías oírte decir a un colega o a tu jefe. Eso puede sucederte cuando estás relajado porque, aunque tu mente consciente está concentrada en otro lugar durante dos horas de ocio sin culpa, tu mente creativa y subconsciente puede aportar soluciones claras y casi sin esfuerzo. Así, el ocio sin culpa conduce a un trabajo de mayor calidad y a soluciones rápidas y creativas.

En inglés hay un antiguo proverbio que dice: «Si quieres que un trabajo se haga rápido, dáselo a la persona que esté más ocupada». Bueno, pues Carlos era el tipo a quien le encargabas las cosas cuando querías tenerlas rápido. Desde que estaba en el instituto había tenido siempre al menos dos trabajos. Hasta que acabó la licenciatura siempre tuvo un empleo a tiempo parcial de al menos quince horas semanales, y además encontraba tiempo para dedicarlo a actividades extracurriculares y para mantener una vida social bastante activa. Cuando cursaba el último año en la universidad ya había pertenecido a tantos comités, había desempeñado tantos cargos y había gestionado tantos beneficios que en el anuario no había espacio para destacar todas sus actividades.

Carlos provenía de una familia de clase trabajadora en la que el trabajo se aceptaba como algo normal. No perdía el tiempo lamentándose por el trabajo, ya fueran deberes escolares, su empleo a tiempo parcial o el trabajo de organizar un viaje de fin de semana. Su vocabulario reflejaba un sentido del deber: «Me pondré a trabajar a las ocho» o «Acabaré el informe esta tarde».

Pero, a diferencia de muchos adictos al trabajo apresurados y aparentemente agobiados, Carlos disfrutaba del ocio. Se comprometía tanto con su ocio como con su trabajo. Claramente, se lo había ganado. Y cuando le llegaba el momento de volver al trabajo, Carlos lo hacía sin vacilar ni un segundo porque se sentía con las pilas cargadas, revitalizado y con su compromiso renovado.

Carlos era un ejemplo clásico de persona comprometida con el ocio sin culpa y con el máximo rendimiento en el trabajo. La vitalidad que demostraba en su ocio se trasladaba al trabajo, y disfrutaba plenamente de los retos en ambas esferas de su vida. Cuando tenía algo sobre lo que debía reflexionar, sabía que sus momentos de ocio le aportarían una perspectiva alternativa desde la cual podía valorar sus opciones. Su dedicación al recreo y a la vida social le aportaba una oportunidad para poner a prueba o comentar conceptos de su trabajo en un ambiente relativamente seguro. No solo disfrutaba de su recreo, sino que además era una de las fuentes de sus mejores ideas y de sus soluciones más creativas.

Este énfasis sobre la importancia del ocio no intenta negar la necesidad de trabajar y ser perseverante. Reconoce la importancia del trabajo, solo que no lo hace en su idea «tradicional». El habitual concepto de trabajo lo separa del ocio e implica un conflicto interno en el cual el trabajo se contempla como algo que hay que obligarse a hacer. El tipo de trabajo y compromiso que resulta más compatible con el sistema de *Hazlo ahora* es el *compromiso con una misión* que centra tus energías y aporta armonía interior, un compromiso que viene del arrastre *hacia* un objetivo y de la ilusión por el proceso de llegar a él.

Charles Garfield, en su libro *Rendimiento máximo*, escribe sobre el poder del compromiso y la misión compartida del programa lunar espacial *Apolo*:

> Lo que encendió la imaginación de todos y aprovechó potenciales que pocos sabían que tenían fue la consciencia de estar participando en un proyecto que satisfaría uno de los sueños más antiguos de la humanidad. Tenían una misión. Vi a hombres y mujeres de capacidad media sacando recursos de energía personal y creatividad que resultaron en unos logros humanos extraordinarios. Vi surgir su ilusión y su orgullo, afectando a todos a su alrededor, encendiendo las imaginaciones con las posibilidades que nacían de lo que estaban tratando de cumplir. Hubo algo que me quedó muy claro: no es la meta, sino la misión última lo que despierta la imaginación, motivándonos para apuntar a niveles todavía mayores de logro humano.

Este sentido de misión es realmente el «método de arrastre» de la motivación que te atrae hacia tu objetivo con energía positiva, en lugar de tratar de empujarte mediante el miedo y las amenazas. En este ambiente positivo de trabajo tienes más tendencia a demostrar unas capacidades y una motivación extraordinarias. Programar regularmente períodos de ocio sin culpa te dará una perspectiva fresca del trabajo. Tus momentos de ocio te dejarán experimentar tu propia curiosidad innata y tu predisposición hacia un trabajo bueno y de calidad. El ocio sin culpa vincula el trabajo y el ocio de manera que uno mejora las cualidades del otro.

nos que perfecto, o si has sufrido la humillación de no saber cómo resolver un problema que otros encontraban fácil, puede que hayas desarrollado una tendencia a evitar cierto tipo de trabajos. Hasta que puedas encontrar las herramientas para enfrentarte directa y positivamente con esta reacción, tu fobia o miedo bloquearán tu capacidad para actuar.

La procrastinación, por el hecho de permitirte evitar lo que temes, es una respuesta fóbica asociada a la preocupación, la lucha, el fracaso y la ansiedad. Cuando es tu único mecanismo de defensa de algo que temes, la procrastinación se convierte en un hábito difícil de desaprender. Y aunque tanto las fobias como la procrastinación también tienden a ser adictivas, porque te gratifican calmando tu tensión, se pueden desaprender.

Para superar eficientemente estos bloqueos de la acción, necesitas alternativas a la solución adictiva y contraproducente que te ofrece la procrastinación. Armado con las herramientas del sistema de *Hazlo ahora*, puedes desaprender la respuesta fóbica de la procrastinación y aprender maneras alternativas de tratar tus miedos. Con la ayuda de las herramientas que ofrece este capítulo —el pensamiento tridimensional, el trabajo de la preocupación y la puesta en marcha persistente— y ofreciéndote una red de seguridad y un discurso interior positivo, podrás enfrentarte a tareas que temes en pequeños pasos dobles. Además, cada vez que apliques una alternativa constructiva para ayudarte a emprender una tarea difícil, estarás desaprendiendo el viejo patrón y rompiendo con tu adicción.

Los tres bloqueos principales

Los tres miedos principales que bloquean la acción y crean la procrastinación son el terror a sentirse superado/agobiado,

5

Superar el bloqueo de la acción

Plegaria de serenidad: Concédeme la serenidad para aceptar las cosas que no puedo cambiar, coraje para cambiar las que puedo cambiar y sabiduría para distinguir la diferencia.

REINOLD NIEBUHR

Plegaria de estrés: Concédeme la tozudez p[illegible] luchar contra las cosas que no puedo cambia[illegible] inercia para evitar el trabajo sobre la condu[illegible] la actitud que podría cambiar, y la insens[illegible] para ignorar la diferencia entre los acon[illegible] mientos externos que escapan a mi control [illegible] propias reacciones controlables. Pero, por [illegible] ma de todo, concédeme el desprecio por n[illegible] pia imperfección humana y los límites d[illegible] trol humano.

Si alguna vez has experimentado dolor como conse[illegible] de las duras críticas —que vienen de ti mismo, de tus [illegible] tus maestros o tus amigos— por haber hecho un tra[illegible] el temor a fracasar y el miedo a no acabar. Estos tres bloqueos normalmente interactúan y potencian cualquier temor o estrés inicial. Superar cualquiera de los tres acelera la destrucción de los bloqueos restantes porque, a medida que uno se enfrenta y supera cualquier miedo, se construye confianza. Los estudios confirman que basta tan solo con resistir durante treinta segundos una situación temida —un perro que ladra, una fiesta llena de gente, hacer un discurso— mientras se aplica un discurso interior positivo para iniciar el proceso de sustituir la respuesta fóbica por alternativas positivas. Aprender a permanecer con cualquier miedo te resultará mucho más fácil cuando dispongas de las armas y herramientas que le dan a tu cerebro alternativas a salir corriendo.

Para reducir el estrés y la ansiedad que conducen a evitar las tareas grandes e importantes, me gustaría presentarte tres herramientas de *Hazlo ahora*:

- El pensamiento tridimensional y el calendario inverso para combatir el pánico a acabar agobiado.
- El trabajo de preocuparse, para enfrentarse al miedo al fracaso y al miedo a ser imperfecto.
- La puesta en marcha persistente, para enfrentarse al miedo de no acabar.

Herramienta 1: El pensamiento tridimensional y el calendario inverso

Emprender cualquier proyecto extenso requiere una visión global de su tamaño, su duración y su amplitud para poder planificar la dirección que tomarás y decidir cuándo y por dónde empezarás. Cuando evalúas la tarea que tienes delante, normalmente experimentas una oleada de energía (estrés o ansiedad) a medida que tu cuerpo trata de estar en varios lugares a lo largo del transcurso imaginado de tu proyecto. Es como si te hubieras plantado frente a un rascacielos con la expectativa de alcanzar la cima con un salto agotador. Has creado una imagen bidimensional de tu proyecto: todo trabajo, todo de golpe, sin tiempo de recobrar el aliento. Esta imagen hunde los pasos intermedios de modo que tu cuerpo reacciona con energía para trabajar en todas las partes —inicio, medio y final— simultáneamente.

Estar agobiado por una tarea larga e importante es una forma de terror psicológico y físico. Joel, como abogado entusiasta y productivo que era, disfrutaba mucho trabajando en las citaciones y los informes que podía completar rápidamente, pero, en cambio, se inhibía de los casos más complicados. Su miedo y su procrastinación empezaron a obstaculizar su carrera en el bufete. Siempre que se enfrentaba a un caso importante o arriesgado, sus reacciones físicas y emocionales eran tan fuertes que se sentía atrapado, incapaz de hacer nada. Su preocupación le desencadenó insomnio, indecisión frente a temas nimios y un consumo creciente de café y alcohol. Tenía miedo a cometer errores, a ser incapaz de enfrentarse a un caso, al mucho trabajo que tendría que hacer tan solo para solventar un caso correctamente y a su propia devastación si fallaba. Como él mismo decía:

> Tengo un miedo tan intenso a la posibilidad de perder el caso que hasta me impide ponerme a hacer los preparativos necesarios. Eso me provoca tanta ansiedad que no puedo decidir cómo voy a hacerlo, cómo me enfrentaré al contrario o cuál es el mejor enfoque con el que empezar. Luego me da tanto miedo equivocarme al elegir qué hacer que pierdo todavía más tiempo valioso. Al final, los nervios y la procrastinación me dejan menos tiempo para aceptar las declaraciones de los testigos y cumplir las fechas de juicio.

Para Joel y para muchos otros como él, la ansiedad de sentirse agobiado aumenta por la expectativa de tener que ser capaz de ponerse en marcha sin angustia y por la severa autocrítica que dirige hacia sus esfuerzos iniciales («¿Cómo pretendo acabar si eso es lo único que sé hacer para empezar?»).

Superar la sensación de agobio empieza por anticipar que es normal sentir cierta dosis de ansiedad cuando visualizas todo el trabajo que conlleva el desarrollo de un proyecto amplio. Es importante no malinterpretarlo como un síntoma de que eres incapaz de hacerlo. Este nivel normal de ansiedad no se volverá *agobiante* a menos que:

1. Insistas en saber el único punto de partida *correcto*. La indecisión y la postergación que supone buscar el único punto de partida correcto te impide ponerte en marcha con el resto del proyecto. La posibilidad de que haya varios puntos de partida adecuados se te escapa y te sientes angustiado ante la posibilidad de que el que hayas elegido te lleve a una conclusión terriblemente equivocada. Te has quedado atrapado en la dicotomía acertado/erróneo: o lo haces bien de entrada o fracasas. Desde este punto de vista, cada punto de partida parece como solidificado y capaz de dictar los pasos sucesivos, con un efecto dominó, precipitándote irremediablemente en la dirección equivocada.
2. No te hayas dejado tiempo durante el transcurso del proyecto para aprender, construir confianza con cada paso y pedir ayuda. Tu punto de vista bidimensional te presiona para que te muestres competente *ahora*, al principio. En lugar de darte la oportunidad de ir aprendiendo por el camino, esperas tener toda la seguridad al principio.

3. Seas crítico con el hecho de que *solo* estás empezando y te digas «Debería haber acabado». Cada logro quedará disminuido por la comparación con el ideal imaginado. El punto de partida y el camino de prueba y error tienen poca legitimidad en comparación con tu objetivo. Tienes poca tolerancia o compasión por tu actual nivel de imperfección y tu actual nivel de lucha. Esta comparación crítica te mantiene vacilando entre tu imagen negativa y la imagen ideal de ti mismo en la línea de meta. Experimentas una ansiedad agobiante mientras intentas desenmarañar cómo hacer la transición desde donde estás hasta donde te gustaría estar.

El calendario inverso

Cuando Joel empezó a aplicar el pensamiento tridimensional a sus funciones, fue capaz de visualizar todo el proceso, dirigiendo su energía hacia la división del proyecto en partes pequeñas y manejables. Esta visión te permite extender mentalmente el trabajo a lo largo de los días y semanas que tienes, creándote tus propias fechas de entrega para cada subdivisión del proyecto.

Cuando aprendes a concebir los proyectos de esta manera, ahuyentas rápidamente el esfuerzo condensado del pensamiento bidimensional hacia una visión tridimensional e incluso cuatridimensional extendida en la distancia y el tiempo. Ahora, en lugar de enfrentarte a una tarea enorme, amenazadora e imposible, te enfrentas tan solo a pequeñas unidades que te sientes capaz de cumplir.

Es lo que llamo el calendario inverso. Al visualizar varias fechas de entrega menores —todas bajo tu control—, la parálisis provocada por intentar completar un proyecto entero (con terribles consecuencias si fallas) desaparece. Con tus propias fechas de entrega repartidas a lo largo del futuro, en cambio, tomas cierto control del trabajo y creas un pequeño espacio para respirar entre un paso y el siguiente. Esta imagen revisada de tu proyecto te permite usar tus otras herramientas para centrarte en el presente, cuando puedes empezar por dar el primer paso. Esta energía *adicional* que necesitas en tu intento por hacerlo todo de golpe no podía liberarse en el futuro imaginado, de modo que la has experimentado en forma de ansiedad y estrés. Pero con tu mente concentrada en el aquí y el ahora, donde puedes ponerte manos a la obra, tu cuerpo aporta el nivel correcto de energía para empezar y tú lo vives como ilusión y eficacia.

El calendario inverso empieza por la última fecha de entrega de tu proyecto y luego avanza hacia atrás, paso a paso, hasta el presente en el que puedes centrar tu energía en el inicio. Encontrarás que el calendario inverso es extremamente útil siempre que te enfrentes a tareas que requieren trabajar durante un período prolongado de tiempo: pintar la casa, montar una campaña publicitaria o perseverar a lo largo de un programa de pérdida de peso. Y si te sientes agobiado, el calendario inverso debe empezar a aplicarse *inmediatamente*. Querrás programarlo para ver qué es lo que puedes hacer ahora mismo, en qué puntos puedes delegar y cuándo tendrás la oportunidad de recobrar el aliento.

1. **Fecha de entrega final:** 1 de junio. Tener los dibujos, el discurso o el proyecto en la mesa del jefe a las 9.00. Esto significa:

    28 de mayo: Hacer las correcciones.
    26 de mayo: Revisar el material.
    23 de mayo: Entrega a la secretaria para enviar las copias/hacer las transparencias/recoger datos.

15 de mayo: Acabar esbozos/frase de redacción/ llamadas de seguimiento.
1 de mayo: Empezar la parte final del proyecto.
22 de abril: Aplicar cambios decididos en la reunión con el jefe.
21 de abril: Reunión con el jefe para hablar de la dirección y el progreso del proyecto.
Hoy, 15 de abril: Hacer los esbozos; empezar el esquema; decidir el estudio de mercado más relevante y consultar a los expertos.

2. **Fecha de entrega final:** 1 de enero (año próximo). Acabar las negociaciones para el contrato de XYZ. Esto significa:

1 de diciembre: Mantener reunión con los abogados y el gestor de XYZ.
20 de noviembre: Llamar a XYZ antes de las vacaciones de esquí, 22-27 de nov.
1 de noviembre: Enviar última parte del borrador del contrato a Jones.
(*Seguir programando cada mes hasta llegar al presente.*)
1 de julio: Reunión con nuestros abogados.
Hoy, 15 de junio: Hablar con Jones de XYZ para hablar del calendario y programar reuniones.

Este enfoque se puede aplicar en cada paso del proyecto. Elaborar un informe extenso sobre una empresa, por ejemplo, puede contener pasos que, por ellos mismos, quizá sean agobiantes, pero cuando el trabajo se divide en sus distintas partes y se emprenden una a una, la primera de ellas se puede empezar hoy mismo. Crear un calendario inverso para el proyecto te dará una asignación de tiempo para cada parte y te permitirá saber cuánto tiempo debes asignar a cada semana: por ejemplo, veinte horas a la semana durante cinco semanas.

Sea cual sea la envergadura de tu informe o campaña, el calendario inverso te dará una perspectiva realista de cuánto tiempo te lleva completar cada paso. Ahora *tú* tienes el control de las fechas límite, no hay simplemente una gran fecha que te ha sido impuesta desde arriba. Además de una mayor sensación de control sobre tu proyecto, obtendrás el alivio de la presión externa y una mayor sensación de logro a medida que completes las muchas submetas por el camino.

Cuando Joel utilizó el calendario inverso y el pensamiento tridimensional, pudo ver las tareas individuales requeridas para preparar su caso: hacer la investigación legal pertinente, presentar las declaraciones, delegar en un pasante y en un auxiliar legal, consultar con los socios sénior. Ahora se veía a él mismo entregándose a una tarea que era capaz de asumir e ilusionándose ante la manera en que se iba a desplegar el proyecto. Cuanto mayor fuera el caso, más se convertía en una tarea dinámica e interactiva que requería un abanico variado de conocimientos repartidos por un período de transformación, más que en una montaña que había que escalar de un único e imposible salto.

Como había estado tan preocupado por equivocarse, Joel usaba el calendario para estar alerta de esos puntos que le podían provocar ansiedad y llevarlo por la dirección equivocada. Entonces podía usar los sentimientos de inseguridad y de agobio para recordarse que debía hacer una pausa y pensar o consultar a un colega. Además de adquirir control sobre su pánico a sentirse agobiado, Joel obtuvo una gestión más realista del tiempo aplicando el pensamiento tridimensional. Una vez tuvo los pasos de sus casos claramente analizados, Joel fue capaz de anticipar algunas de las dificultades de programación no previstas anteriormente y de evitar costosos errores.

Herramienta 2: El trabajo de preocuparse

> Dijo a sus discípulos: «Por esto os digo: No andéis preocupados de vuestra vida, por lo que comeréis; ni de vuestro cuerpo, por lo que vestiréis, porque la vida es más que el alimento, y el cuerpo más que el vestido; [...] ¿Quién de vosotros, a fuerza de cavilar, puede añadir un codo a su estatura? Si, pues, no podéis ni lo menos, ¿por qué preocuparos de lo demás?».
>
> Lucas 12, 22-26

La preocupación te puede alertar de un peligro y evocar la acción para prepararte ante este peligro. Respeta tu capacidad de preocuparte como manera de ponerte en alerta sobre un peligro potencial. Pero el flujo rápido de pensamientos aterradores característicos de la mayoría de las preocupaciones contraproducentes sencillamente crea más amenazas. Piensas: «Sería terrible si eso ocurriera, no lo podría soportar. Tengo que hacerlo bien, o de lo contrario...». Detenerte ahí, simplemente en el aspecto aterrador de la preocupación, es como gritar «¡Peligro!» sin saber qué hacer o adónde huir. En efecto, tu grito ha creado mucha inquietud en la gente, pero no les ha dicho lo que pueden *hacer* para huir del peligro. Alertándote a ti mismo de un peligro potencial sin establecer un plan de cómo te enfrentarás a él, has hecho solo la mitad del trabajo de la preocupación; has dejado de lado la parte positiva de la misma: desarrollar un plan de acción.

Una vez surge una amenaza, hay que enfrentarse a ella para evitar la preocupación y la ansiedad: esta energía atrapada que ahora mismo no se puede utilizar de manera productiva. Hasta que encuentres una solución o elimines la amenaza, preocuparse puede funcionar como una pesadilla recurrente que repite un rompecabezas o un problema. Planes, acción y soluciones son necesarios para dirigir la energía y completar la acción de preocuparte.

La procrastinación es una manera ineficaz de gestionar la preocupación porque enquista la acción y se limita a acumular más preocupación. La preocupación que acompaña a la procrastinación se suele aprender a una edad muy temprana. Los padres, los jefes y los profesores utilizan a menudo las amenazas y las imágenes de desastres para motivarnos a alcanzar objetivos que *ellos* han elegido. Esta creencia de que el vinagre motiva más que la miel está tan presente entre las personas al frente de colegios, fábricas y oficinas que la mayoría de nosotros sufre alguna forma de miedo al fracaso y se preocupa por no ser aceptado debido a nuestra imperfección.

Entre los ejemplos típicos está el jefe que evita persistentemente hacer cumplidos por el trabajo bien hecho, mientras que critica a todas horas lo que no está acabado o es imperfecto, con frases como «Eso lo tendrás que mejorar bastante... Hay mucho que hacer y lo necesito cuanto antes». O el padre o el profesor que intenta motivar con frases como «¿Y qué si has sacado tres sobresalientes? ¿Por qué en matemáticas solo tienes un bien?».

Esta formación tan terrible —que te inculca que tu labor no es nunca lo bastante buena— te lleva a pensar que *tú* no eres nunca lo bastante bueno para satisfacer a un progenitor o a un jefe. Sentirse ineficaz por mucho que te esfuerces es muy deprimente y muy dañino para tu sentido de la valía. Sin un sentido de la valía sólido que se recupere de las críticas por los errores normales resulta extremamente difícil saltar al ruedo laboral, donde pueden anticiparse unos cuantos errores y donde los tan anhelados halagos por el trabajo duro y los avances raramente se expresan. Al final, los riesgos parecen demasiado grandes para asumirlos y las amenazas pierden su capacidad de motivarte.

Este síndrome es especialmente triste cuando hay gente con talento que no se arriesga a intentarlo por miedo a ser menos que el número uno. En su peor versión, su perfeccionismo y su miedo al fracaso («fracaso» definido como ser menos que perfecto) provocan que dejen atrofiar sus talentos en lugar de enfrentarse a una tarea corriendo el riesgo de quedar segundos. La solución más común para los individuos educados a base de amenazas es usar su propio y amenazante discurso interior en un esfuerzo de obtener la aprobación imitando a sus críticos mentores. Más que ayudarlos a enfrentarse a sus miedos, estas amenazas tan solo contribuyen a mantener el ciclo de la procrastinación: el discurso amenazador conduce a la ansiedad, luego a la resistencia y finalmente a la procrastinación. La procrastinación puede atenuar temporalmente la tensión de enfrentarse a un proyecto desafiante y al riesgo de fallar, pero no te ayudará a liberarte de la preocupación.

Superar este bloqueo de la acción te exigirá ir más allá, amenazándote con imágenes de catástrofes potenciales. Necesitas pasar el proceso de preocuparte para dirigir la energía de la preocupación y el pánico hacia los planes para ahuyentar la amenaza. Eso te ayudará a utilizar de manera productiva el estrés, tu respuesta sana de supervivencia, para lo que se supone que sirve: para protegerte y para prepararte a tomar una acción positiva. Una vez hayas utilizado esta energía adecuadamente, tu cerebro, tranquilizado en lo tocante a tu bienestar físico y psicológico, puede devolverte a un nivel normal de energía para dedicarte al trabajo productivo.

Durante diez años, Judith —una joven y brillante contable— sintió temor a perder el trabajo debido a su continua procrastinación. Judith seguía forzándose a trabajar en una empresa aseguradora que otros habían abandonado hacía años por su ambiente demasiado frío y estresante. Al fin y al cabo, había aprendido desde muy joven que era una persona vaga e inepta, que siempre podía haberlo hecho mejor y que necesitaba que quienes decían preocuparse de ella se lo recordaran constantemente y la presionaran todo el tiempo.

En la familia de Judith, el progreso individual no se reconocía prácticamente nunca, a menos que saliera ganando de la comparación con lo que hacían los demás. Esta presión por ser *el mejor* era constante, ya se tratara del colegio, los deportes o el talento musical. De modo que Judith no se extrañó en absoluto cuando su jefe resultó ser alguien que le dedicaba una escasez semejante de halagos y una fuerte presión. Desde el punto de vista del jefe, se suponía que la motivación de Judith debía provenir de su sueldo y de la presión y las amenazas que él empleaba tan generosamente.

Pero, para Judith, las condiciones laborales no hacían más que reafirmar sus inseguridades, adquiridas mucho antes. Sentía que no merecía demasiado y tenía miedo tanto del fracaso como del éxito. Decía: «Puede que haga algo mal y entonces pensarán que soy tonta. Tengo la sensación de que siempre me están juzgando y de que siempre me quedo corta. Pero sé que si tuvieran que decir que soy lista o que tengo mucho talento, también estaría angustiada porque entonces tendría que demostrarlo constantemente».

El miedo constante a las críticas o a ser despedida mantenía a Judith casi siempre estresada y con mala salud. Pero lo que la llevó a buscar ayuda fue su procrastinación y su miedo a hacer un trabajo cada vez más mediocre. Como la mayoría de procrastinadores, Judith era una buena trabajadora. No era perezosa; lo que bloqueaba su capacidad de trabajar eran la presión y el miedo al fracaso. A medida que aumentaba el estrés por las críticas anticipadas a su trabajo inadecuado y los halagos eran cada vez más limitados, la motivación y la confianza de Judith en ella misma se habían empezado a desvanecer. Cada vez recurría más a la procrastinación como salida y como manera de expresar su resentimiento.

No le costó mucho darse cuenta de que las amenazas y la ausencia de halagos de su jefe reproducían su entorno familiar. Y cuando Judith reconoció que su entorno familiar era donde le habían inculcado su escasa autoestima, su victimismo, su resistencia y luego las estrategias destructivas para soportarlo todo, como la procrastinación, tuvo muchas ganas de cambiar su entorno actual. Incluso antes de que yo le hablara del trabajo de preocuparse como manera de reducir su estrés, Judith, por su cuenta, ya había empezado a considerar qué ocurriría «si pasara lo peor...». Se dio cuenta de que, aunque le resultaría muy embarazoso y difícil, era capaz de aguantar un despido, el cual, de alguna manera, le supondría un alivio. De hecho, teniendo en cuenta su timidez y su poca autoestima, resultaba difícil imaginarla motivada para buscar un trabajo mejor a menos que la hubieran despedido.

Pero Judith ya había decidido que quería más. Quería que le reconocieran libremente su trabajo y sus talentos. Estaba decidida a encontrar a gente capaz de apreciarla por quién era y por lo que podía hacer, en lugar de soportar a aquellos que siempre le exigían que fuese una persona distinta. Ya no quería seguir trabajando en un ambiente que rebajaba constantemente su amor propio. Una vez se hubo enfrentado al peor de los casos —que la despidieran—, Judith se había preparado con redes de seguridad hechas de discurso interior compasivo y de alternativas concretas que la ayudarían a aguantar mientras buscaba un nuevo empleo.

Judith había dado el primer paso de un proceso de seis pasos para enfrentarse a los miedos y crear seguridad. Estos pasos te llevan más allá del «y si...» y dirigen la energía bloqueada en forma de angustia hacia una preparación constructiva para los peligros potenciales. Cuando te encuentres continuamente angustiado por fracasar en un proyecto o porque puedan despedirte, plantéate estas seis preguntas como parte de tu trabajo de preocupación:

1. **¿Qué es lo peor que podría ocurrir?** Necesito reconocer el peor de los escenarios posibles y sopesar la probabilidad de que ocurra.
2. **¿Qué haría si realmente ocurriera lo peor?** En lugar de limitarme a decir que sería terrible, debo tener en cuenta: ¿dónde pediría ayuda?, ¿qué haría para superar el enfado y la falta de control?, ¿qué haría luego? Debo seguir preguntándome «¿Y entonces qué haría?» hasta que sepa que, pase lo que pase, seguiré haciendo todo lo que pueda para seguir adelante. Quiero ser capaz de decir: «No puede pasar nada tan terrible que pueda conmigo».
3. **¿Cómo aliviaría el dolor y seguiría adelante con la máxima felicidad posible si ocurriera lo peor?** Si todo lo demás falla y me encuentro delante de la situación más temida, ¿estoy preparado para limitar la depresión y la autocrítica perdonándome a mí mismo por ser humano, vulnerable e imperfecto? ¿Cómo volvería a mi misión de mejorar mi vida, por muy mal que se pusieran las cosas? Debo recordar esos puntos fuertes a partir de los cuales empezar a construir, puntos fuertes que en el pasado me han ayudado a superar situaciones que al principio me parecían invencibles. ¿Qué puedo aprender de mis logros pasados sobre cómo gestionar la adversidad, sobre mis talentos ocultos, sobre la fortaleza que se revela solo cuando la necesito?
4. **¿Qué alternativas tendría?** ¿He limitado mis opciones insistiendo solo en un trabajo perfecto y con mi actitud dictatorial sobre cómo pienso que debe ser mi vida? ¿Qué debería hacer para aumentar las alternativas que me parecen aceptables? ¿Cuáles me permitiría tener en cuenta? Debo superar la idea de que solo toleraré la vida según mis condiciones. Debo recordar que hay muchas maneras de ser feliz y tener éxito.

5. **¿Qué puedo hacer para reducir la probabilidad de que ocurra eso que tanto temo?** ¿Hay algo que he estado posponiendo —una llamada, una carta, una reunión— a lo que debo enfrentarme para reducir la preocupación, crear seguridad y ponerme en marcha? Una vez valorado lo peor que podría suceder y habiéndome preparado para soportar incluso eso, ahora estoy listo para enfrentarme a las tareas a mi alcance que podrían incrementar mis posibilidades de éxito.
6. **¿Hay algo que pueda hacer ahora para potenciar mis posibilidades de lograr mi objetivo?** Una vez has valorado lo peor, has planificado lo que harías si ocurriera y te has dado cuenta de que tienes alternativas, puedes preguntarte: «¿Hay algo que pueda hacer ahora para potenciar mis posibilidades de lograr mi objetivo?». Una vez fijada la sensación de seguridad, sabiendo que hasta en la peor situación imaginable tienes alternativas, estás listo para dar lo mejor de ti sin el agobio del miedo al fracaso.

Mediante el trabajo de la preocupación, la creación de seguridad y usando el lenguaje de las personas productivas, adquieres herramientas para mantener una seguridad genuina en ti mismo. La mayoría de la gente desea una seguridad ilusoria que dice: «Debo saber que ganaré; debo tener la certeza de que nada fallará». Eso les da una gran desventaja, porque no han tenido en cuenta: «¿Qué haré si algo falla?». Tratar de controlar las cosas para que vayan únicamente de la manera que las habías imaginado te consume una energía enorme, te mantiene ciego a lo que podría salir mal, te impide planificar una retirada estratégica y te absorbe la energía necesaria para recuperarte.

La confianza real consiste en saber que, estés tranquilo o angustiado, aciertes o falles, harás todo lo que puedas y, si es necesario, estarás listo para volver a levantarte, seguir adelante e intentarlo de nuevo. La verdadera confianza es la capacidad de decir: «Estoy preparado para lo peor; ahora puedo concentrarme en el trabajo que me llevará hacia lo mejor».

Herramienta 3: La puesta en marcha persistente

Una vez has aprendido a superar los dos primeros bloqueos de la acción y te has puesto en marcha, puede que necesites superar el miedo a acabar. Hay muchos procrastinadores capaces de ponerse en marcha, pero mediante una serie de autoafirmaciones y actitudes negativas, se ponen trabas y se impiden avanzar hacia la meta. Las dificultades para acabar, como el miedo al éxito, pueden comportar ciertas trabas para acabar un proyecto.

La procrastinación a la hora de acabar conlleva más esfuerzo que el necesario para permanecer en un proyecto hasta el final. Es también menos gratificante que la satisfacción de completar algo y tener espacio para más diversión y nuevos comienzos. El establecimiento de estructuras para superar los bloqueos y la adopción de buenos hábitos de trabajo para persistir ofrecen beneficios que superan de lejos cualquier comodidad o ilusión que encontremos en la procrastinación al terminar algo. La doctora Joan Minninger escribió, en su libro *Total Recall: How to Boost your Memory Power*, lo siguiente sobre el aprendizaje de una estructura para recordar:

> Es menos emocionante y espectacular que el caos provocado por saltarte una fecha de entrega y perder las llaves del coche, pero el caos es agotador y una auténtica pérdida de tiempo...

> Probablemente consideres el trabajo de recordar como un tostón, algo que te quita tiempo de la diversión. En realidad es todo lo contrario. Cuando creas estructuras para el caos en tu vida, te liberas. Liberas tu tiempo y tu energía emocional para las cosas buenas.

Una profesora de ciencias llamada Laura, de treinta años de edad, estaba por fin a punto de acabar un máster que le supondría un aumento de sueldo y potenciaría sus posibilidades para avanzar profesionalmente. Sin embargo, Laura llevaba dos años arrastrando el proyecto de investigación final. La idea de poner los toques finales a un proyecto no le interesaba tanto como la emoción de embarcarse en una nueva aventura de descubrimiento. Precisaba mucha disciplina para sentarse a evaluar los trabajos de sus alumnos, acabar un proyecto de pintura en su casa o perseverar en una afición hasta dominarla realmente. A Laura se le daba tan bien empezar cosas que no estaba segura de ser una auténtica procrastinadora. De hecho, Laura era buena empezando cosas en cualquier aspecto de su vida, incluido el atletismo. De hecho, fue su compromiso con el atletismo y con una maratón (ocio sin culpa) lo que favoreció su cambio de actitud y su motivación para completar el proyecto del máster.

Laura llevaba meses preparándose para correr su primera maratón de 42 kilómetros y lo había hecho bien, excepto por el hecho de aprender a completar los últimos diez o doce kilómetros, cuando la mayor parte de los atletas sufren las llamadas «pájaras», debidas a la sensación de que el cuerpo se detiene de golpe como consecuencia del agotamiento de sus existencias de energía. Cuando, al superar el kilómetro treinta, Laura experimentaba el dolor de su cuerpo que pedía nutrientes a gritos, sabía que tenía una pájara. Con todavía doce kilómetros por delante, Laura no sabía cómo se arrastraría hasta la línea de meta, y mucho menos cómo seguiría corriendo. Pero antes de poder pensar en abandonar, se encontró diciendo algo que más tarde la ayudaría a superar la procrastinación y a seguir hasta finalizar su investigación del máster: «Estoy sufriendo. Me duele correr y me duele el simple hecho de estar de pie. Me duele andar y me dolería tumbarme. Haga lo que haga, me duele, de modo que lo mejor es seguir corriendo y acabar con el tema cuanto antes».

Lo que Laura aprendió es que cuesta el mismo trabajo procrastinar que enfrentarte al miedo de acabar. Realmente no hay manera de evitar alguna forma de trabajo, por lo tanto, por qué no emprender aquel que te reportará mayores beneficios a largo plazo. Su decisión de seguir adelante con la maratón a pesar del dolor le facilitó aplicar el resto de las enseñanzas del programa de *Hazlo ahora* para acabar su trabajo de investigación. Había identificado su tendencia a tirar la toalla justo cuando sus esfuerzos se acercaban al final y cuando llegaba la hora de ser juzgada. Asociando esta tendencia a sus autoafirmaciones negativas, Laura fue capaz de retarla mediante el lenguaje positivo propio de la productividad, así como de dirigir sus esfuerzos hacia la finalización. La maratón le sirvió como una útil metáfora de los pasos involucrados en completar su proyecto.

Como en la mayoría de los proyectos extensos, parecía haber correcciones infinitas y exigencias adicionales. Recuperarse de la frustración y de las decepciones de los errores informáticos, de los despistes y de los errores fue difícil, pero Laura ya tenía un logro en el que apoyarse y para el que había tenido que superar los problemas que le surgieron por el camino. Durante los últimos meses de su investigación, Laura recordó que no basta con estar preparado mentalmente para correr solo 42 kilómetros. Hasta esta tarea había sido extendida para incluir los 195 metros adicionales que la convertían en una maratón oficial. Cuando sus extremidades cruzaron la línea que marcaba el kilómetro 42, lista para caer al suelo exhausta, Laura no escuchó el aplauso que esperaba, sino la necesidad de correr los 195 metros que faltaban. Contando literalmente sus pasos, aprendió a evitar sentirse agobiada por más trabajo y a concentrarse en lo que era capaz de hacer, repitiéndose mentalmente: «Puedo dar un paso más».

Identifica las afirmaciones y actitudes contraproducentes que tienden a colarse en tu mente una vez que te has puesto a trabajar. Luego usa tu anticipación de estas afirmaciones negativas para preparar los retos que ahuyentan el miedo a acabar y liberan tu energía creativa para las cosas positivas.

Prepárate para desafiar las afirmaciones y actitudes negativas

1. *Necesito más preparación antes de empezar*. Mantente atento para ver cuándo la preparación se convierte en procrastinación. Te pones manos a la obra y te sientes bien mientras reúnes toda la información necesaria para desarrollar el trabajo, pero te sientes llamado a hacer más preguntas y preparativos antes de poner tus propias ideas en acción porque quieres sentirte más seguro. Tomas la decisión de completar el proyecto, pero ahora que has dado los primeros pasos, tu impulso de proseguir flaquea. Eso es especialmente cierto si eres un perfeccionista, porque tu miedo a cometer un error te lleva a consultarlo todo con los expertos y a hacer largas listas de cosas que tener en cuenta, lo cual te impide tirarte tú solo a la piscina.

Para superar esta tendencia, etiqueta como «procrastinación» cualquier tendencia que tengas a correr a pedir consejo al jefe o de ir a la biblioteca a buscar soluciones externas o más preparación. «Trabajar en el proyecto» tal vez deba definirse estrictamente como tus propias contribuciones para completarlo, más que como el proceso de preparación o el pedir consejo a los demás. Todas las razones *legítimas* para hacer más consultas pueden ser establecidas cuando pidas reacciones sobre lo que ya has hecho. Recuérdate, como hizo Laura, que no hay manera de evitar el trabajo: hacer más preparativos supone trabajo; completar el proyecto supone trabajo, y tratar de escapar a través de la procrastinación supone también un trabajo. De modo que, *¿por qué no elegir el trabajo de avanzar un paso más?*

2. *A este paso no acabaré nunca.* El ritmo de aprendizaje y de logros al principio de un proyecto suele ser más lento de lo que estás acostumbrado. Recuerda que más adelante, cuando estés más familiarizado con el tema y te sientas más seguro en tu nueva situación, avanzarás más rápido. Cuando subes a una montaña puedes ver más allá. Tendrás tiempo y sitios en los que descansar. Tu curva de aprendizaje puede subir muy rápido, en especial cuando usas el autodiscurso positivo para mantener tu atención centrada en la tarea en lugar de usar la autocrítica. (Véase el capítulo 7, «Trabajar en el estado de fluidez», para experimentar soluciones creativas a los bloqueos temporales.) Créate la expectativa positiva de que, a medida que progreses en tu proyecto, habrá saltos grandes en tu aprendizaje y en tu capacidad. No puedes juzgar tu ritmo de avance con tus capacidades y conocimientos actuales. A medida que te acerques a la meta final, verás como tu confianza y tu capacidad se transforman.

3. *Debí haber empezado antes.* Has empezado y debes apreciar este hecho. El síndrome del vaso medio vacío, tan común entre los perfeccionistas autocríticos, te impide estar

satisfecho por los pasos que ya has dado hacia tu meta. Puede que el proyecto sea más extenso de lo que anticipabas inicialmente. Ahora que te has puesto manos a la obra y puedes visualizar todo el trabajo que te queda por hacer, puede que necesites un poco más de pensamiento tridimensional para superar el terror de sentirte asfixiado. Divide el proyecto en partes, combinadas con pausas legítimas y vacaciones planificadas. Respeta tu compromiso con el ocio sin sentirte culpable; no es el momento para las críticas ni para las imágenes de privación. Asegúrate de gratificar cada paso que avances, por pequeño que sea.

4. *Después de eso solo hay más trabajo*. Uno de los miedos al éxito es que luego se te exigirá más. Puede que pienses: «Si hago esto, esperarán que lo haga con regularidad, y no sé si podré cumplir sus expectativas... o si quiero hacerlo». El incentivo de acabar tu proyecto actual no estará ahí si visualizas el éxito como algo que te ata de manera servil a un futuro trabajo penoso. Mantén el proyecto actual como algo separado de tu *decisión* sobre futuros proyectos. Comprométete contigo mismo a mantener las puertas abiertas respecto de los posibles pasos futuros. Evita los sentimientos de obligación y victimismo por los trabajos que todavía no existen. Ya tomarás la decisión más adelante, cuando veas cómo te sientes por dominar este paso. Ten en cuenta que se trata de pasos independientes, que tú tienes el control de cuándo te enfrentarás a la siguiente porción de trabajo y que, una vez acabada la etapa actual, serás más fuerte y más sabio.

5. *No funciona*. El discurso interior del tipo «Lo intento, pero no funciona. ¿Qué falla?» puede ser un síntoma de perfeccionismo y de la incapacidad de llevar a cabo el trabajo de preocuparse por desarrollar planes alternativos para hacer

que el proyecto funcione a pesar de las dificultades. Cierta dosis de incomodidad es natural al sobrepasar tu «zona de confort» hacia un nuevo nivel de dominio técnico. Las dificultades y los pensamientos negativos no son un aviso para tirar la toalla, sino señales para que seas más creativo a la hora de resolver los problemas o bien de esquivarlos. En lugar de esperar un camino perfecto libre de obstáculos, puedes mantener un compromiso firme para que las cosas funcionen en el camino actual. Como persona productiva, no estás poniendo a prueba un sistema para ver si puede lograr que tu proyecto avance como una seda, ni tampoco buscas el fantasioso plan perfecto sin un solo problema: te estás concentrando en los resultados deseados y haciendo que este camino te funcione.

6. *Lo único que necesito es un poco más de tiempo*. El departamento de ingeniería, de ventas o de producción está preparado para poner tu obra en el mercado, pero tú les estás suplicando un poco más de tiempo para pulirla y buscarle posibles fallos. Haces un trabajo excelente ejecutando las peticiones de tu jefe o de tus clientes, pero luego no les entregas el producto acabado hasta que estás seguro de que es perfecto y no tiene ningún fallo. Por mucho que los demás insistan en que tu trabajo es lo bastante bueno para sus necesidades, tienes pavor a soltarlo.

Puede que te resulte difícil aceptar que otros no tengan tus altos criterios de calidad. De hecho, puede que hasta te sientas un poco superior por ello. Al fin y al cabo, quieren algo acabado —y te harán responsable de cumplir con la fecha de entrega—, mientras que tú estás más comprometido con la calidad que con el simple hecho de cumplir a tiempo. A menudo deseas tener solamente una hora más para hacer un trabajo realmente bueno, pero ellos lo quieren ahora.

A pesar de que intentas hacer un buen trabajo, a menudo te sientes víctima de un sistema que gratifica a la gente por lo que logra realmente, en lugar de tu fantasía del trabajo perfecto e ideal.

Esta forma de procrastinación requiere un análisis riguroso del valor del trabajo real, acabado e imperfecto en comparación con el del trabajo atrasado, incompleto e ideal. Aunque las fantasías son siempre más seguras y perfectas que la realidad, los que sufren de esta forma de perfeccionismo necesitan oír que no existe ningún nivel de perfección capaz de hacerte invulnerable a las críticas y al rechazo de alguna gente.

Tienes que aprender a tolerar la ansiedad y los riesgos asociados a acabar, aunque sepas que tu trabajo es imperfecto. Reconoce que estás perdiendo un tiempo muy valioso en pulirlo con la intención de asegurarte la perfección. Aprende a convivir con las críticas desconectando el ego, es decir, creándote autoconfianza y separando tu valía de tu trabajo. Sé consciente de tu tendencia a la fobia a enseñar tu trabajo real, el trabajo que se puede hacer cumpliendo con las fechas de entrega. Necesitarás comprometerte realmente a hacer algo con el tiempo que tienes disponible. Utiliza herramientas como el pensamiento tridimensional, el trabajo de la preocupación y la puesta en marcha persistente con el fin de prepararte para enfrentarte a las críticas anticipadas y a las correcciones necesarias, pero saca tu trabajo a la luz... lejos de la etapa de fantasía y de lleno en el mundo real.

Empieza una y otra vez

La tarea de acabar tiene sus propias cualidades de atar los cabos y pulir el proyecto, pero básicamente, todas las tareas extensas se hacen a base de muchos comienzos. Tu capacidad de superar los bloqueos de la acción te ayudará a acabar. Utiliza estas estrategias y el reconocimiento de tu discurso interior negativo para conquistar tu terror de quedarte agobiado, tu miedo al fracaso y tu miedo de acabar. Sigue comenzando y el final llegará solo. Cuando tengas miedo de acabar, pregúntate: «¿Cuándo puedo empezar?».

6

La no agenda

> Los mayores y más importantes problemas de la vida son fundamentalmente irresolubles... no [se] solucionan lógicamente en [sus] propios términos, pero se desvanecen cuando se confrontan con una necesidad vital nueva y más fuerte.
>
> Carl Jung

No nos engañemos, la vida de ocio total no existe. Intentar huir del trabajo a base de procrastinar no hace más que incrementar tu ansiedad; *solo el trabajo es capaz de reducir la angustia*. Ni las galletas de chocolate ni las horas frente al televisor te harán disminuir la tensión ante una tarea agobiante o desagradable. Ni la procrastinación ni el ocio harán que tu angustia se desvanezca cuando debas enfrentarte a algo difícil. Lo único que realmente te ayudará es *ponerte a trabajar*.

Pero éste es exactamente el problema, ¿no? No pareces sentirte capaz de ponerte en marcha, al menos no de la manera que te sientes ante el «trabajo». El *trabajo* ha significado privación, enfrentarte a tareas agobiantes, enfrentarte a presiones internas y externas por alcanzar la perfección y forzarte a ti mismo a hacer algo que preferirías no hacer.

Pero ¿qué ocurriría si, basándote en un sistema sencillo, pudieras aprender a hacer frente a tus miedos y a tolerar tu imperfección lo bastante como para dedicarte unos cuantos minutos a hacer un trabajo de calidad, algo que te permitiera disfrutar de tu tiempo de ocio sin sentirte culpable?

La no agenda te pide que te propongas empezar solo durante treinta minutos. Eso es. Comprometiéndote a ponerte en marcha durante no más de media hora cada día, puedes iniciar un programa que te convertirá de procrastinador en persona productiva.

Mientras que treinta minutos puede no parecer tiempo suficiente para conseguir demasiado de un proyecto extenso, puede que sea todo el tiempo del mundo para resolver un problema cuando estás intensamente concentrado. Mirarás el reloj y te sorprenderás de lo mucho que has conseguido hacer en un período que normalmente te parecería muy breve. Puedes utilizar un cronómetro de cocina o uno deportivo para medir con precisión estos períodos de trabajo de calidad.

Lo importante es que *ya has empezado*. Una vez superada la inercia, has superado la parte más difícil. A veces, empezar basta para llegar también al final. El acto de ponerse en marcha revela el trabajo real que debes hacer, más que el trabajo de evitar lo que habías estado temiendo. Al enfrentarte a este miedo, te das cuenta de que no es más que trabajo, tal vez difícil, pero no las muchas preocupaciones y angustias que habías imaginado.

Una de mis pacientes, Carolyn, llevaba meses procrastinando sobre la idea de hacer los pasos necesarios para comprarle a su madre unos utensilios chinos de cocina. Había una serie de pequeños problemas que entorpecían su misión, haciéndola complicada y difícil de enfocar. Parecía como un largo viaje en el que ella no sabía dónde tenía que apearse del tren; le resultaría embarazoso tener que pedir ayuda a desconocidos, no estaba segura de a qué lugar de Chinatown debía dirigirse. Un día de lluvia, cuando estaba procrastinando sobre otro tema, decidió sencillamente tomar el tren, preguntarle a alguien la estación correcta y confiar en que encontraría el camino. Todo sucedió paso a paso y asombrosamente bien. Al llegar a su destino, miró el reloj y se dio cuenta de que le había llevado nueve minutos y medio encontrar la estación de tren correcta y el establecimiento indicado. «¡Nueve minutos y medio! —me contó—. Llevaba meses postergando algo que me llevó nueve minutos y medio hacer.»

Incluso la gente productiva necesita un sistema

Cuando decidí empezar el doctorado de Psicología, ya había tenido ciertas experiencias de la «vida real» como teniente de la 101.ª División Paracaidista, como supervisor de una línea de producción y como analista económico de una compañía petrolera. Mis experiencias tempranas me habían enseñado a trabajar bajo presión y a acabar el trabajo cuando otros dependían de mí. Me habían enseñado que era capaz de trabajar efectiva y eficientemente si decidía hacerlo. Y sin embargo, cuando regresé a la universidad, me encontré a mí mismo y a mis compañeros de aula agonizando durante días por trabajos que al final nos llevaba menos de dos horas redactar.

Todos estos brillantes estudiantes del comportamiento humano sufrían, durante sus cursos de doctorado, como si no supieran nada sobre cómo dirigir sus propios pensamientos, sentimientos y conductas. Eso me parecía extraño.

Las teorías que habíamos estudiado sobre la personalidad y el comportamiento anormal no eran de mucha ayuda: no funcionaban demasiado bien con problemas normales como la procrastinación, cumplir los propósitos típicos de Año Nuevo, hacer la colada, ponerse a redactar un trabajo de veinte páginas o llegar puntual a una cena con tu amigo.

Así, empecé a investigar un sistema que realmente *funcionara* a la hora de darme cierto control sobre mi comportamiento ante tareas difíciles, desagradables o agobiantes. En mi búsqueda de un sistema práctico, descubrí que B. F. Skinner, el padre del conductismo moderno, tenía un cronómetro conectado a su silla. Cada vez que se sentaba a trabajar, «fichaba». Cuando se levantaba, el cronómetro dejaba de funcionar, como si «fichara de salida», como hacía yo cuando trabajaba en un supermercado, y como las «horas facturables» que utilizan los arquitectos y los abogados para registrar las horas que dedican a cada cliente. ¡Así que ese escritor tan prolífico usaba un cronómetro! ¡Y llevaba gráficos de rendimiento que culminaban en premiarse cada vez que completaba una pequeña parte de su trabajo! Esto me asombró, y me dije: «Si B. F. Skinner necesita un sistema, yo también».

Fue entonces cuando empecé a registrar cada tramo de treinta minutos de trabajo de calidad ininterrumpido en lo que llamé «mi no agenda». Utilizaba mi no agenda para fichar cada vez que me ponía a trabajar, y para fichar de salida, anotando el tiempo real trabajado, igual que hacía B. F. Skinner con su cronómetro. Luego, aplicando el «método de arrastre» de la motivación, me aseguraría de hacer algo que realmente me gustara hacer.

A la semana de usar esta estrategia, empecé a advertir que me estaba poniendo a trabajar más pronto y que producía más cuando tenía la ilusión de registrar mis pequeños logros y luego premiarme con tiempo para dedicarlo a mis amigos, al tenis, a la lectura y a la simple diversión. Éste fue el inicio de mi sistema para el logro de objetivos, basado en:

- ocio sin culpa
- trabajo de calidad
- la no agenda

En aquella primera no agenda quedaba registrado mi tiempo de calidad dedicado al trabajo y con ella me inicié en las listas previas de recompensas que podía esperar durante mis pausas. Con este sistema pude acabar mi tesis doctoral en un año mientras trabajaba en un empleo a tiempo completo. Como la no agenda me dio una idea clara de en qué invertía el tiempo, sé que durante un año dediqué un promedio de quince horas a la semana de trabajo concentrado y productivo a la tesis y que tuve además mucho tiempo para esquiar, correr y ver a mis amigos.

La no agenda es un calendario semanal de actividades recreativas planificadas que divide la semana en partes manejables con pausas, comidas, vida social programada y ocio. Además, es un registro de tu trabajo productivo e ininterrumpido. Ofrece a las personas productivas un compromiso programado previamente con los momentos de ocio sin culpa y una visión realista del tiempo real disponible para el trabajo. Este método de planificación anima a empezar antes los proyectos, porque te das cuenta del poco tiempo real de que dispones para trabajar una vez has restado las tareas cotidianas, las reuniones, los trayectos de casa al trabajo, las comidas, el descanso y el ocio. Además, ponerse en marcha resulta fácil porque treinta minutos es un período demasiado breve como para sentirse intimidado, pero es lo bastante extenso como para hacer un buen comienzo y recibir una pausa o una recompensa. Treinta minutos reduce el trabajo a pequeños fragmentos factibles y gratificables que minimizan la probabilidad de sentirse agobiado por la complejidad y extensión de los proyectos largos y amenazadores.

La no agenda integra prestigiosos principios psicológicos y de conducta en una forma innovadora de enfrentarse a los problemas corrientes de la procrastinación y, además, de que los procrastinadores puedan potenciar su productividad y su creatividad. Empezando por la programación del recreo, el ocio y el tiempo dedicado a disfrutar con los amigos, la no agenda evita una de las trampas de los típicos programas para superar la procrastinación, que siempre empiezan programando el trabajo... y generan así una imagen inmediata de la vida carente de diversión y libertad. En cambio, la no agenda invierte el proceso, empezando por una imagen de ocio y de garantía de tu tiempo libre, de modo que sabes que no procrastinarás en la diversión y en el pleno goce de la vida.

La no agenda refuerza tu confianza de dos maneras: primero, te da gratificaciones inmediatas y frecuentes tras los períodos breves de trabajo, en lugar de retrasar la sensación de logro hasta culminar el proyecto entero; segundo, el hábito de registrar cada período de trabajo te da una recompensa visible que te permite ver cuánto trabajo concentrado e ininterrumpido completas cada día y cada semana. La concentración de la no agenda en bloques de treinta minutos crea un objetivo que no resulta amenazador y con el que hasta el más tímido de los procrastinadores puede enfrentarse sin miedo. Bastan treinta minutos de trabajo seguido para darte una sensación de haber cumplido, sin crear el miedo al fracaso que a menudo acompaña la planificación de períodos de trabajo más largos y menos realistas que pocas veces se cumplen, o ni siquiera se empiezan, porque resultan agobiantes.

Psicología inversa

Entre sus otras estrategias, la no agenda convierte nuestra resistencia natural en estructura y autoridad —una de las causas de la procrastinación— contra ella misma, de manera que favorezca la productividad. Llevas años diciéndote a ti mismo que tienes que esforzarte más en los proyectos más difíciles y tratar de dedicarles más horas. La no agenda y el sistema de ocio sin culpa te ayudan a dedicar *más horas al ocio* y *más calidad al trabajo*. Te pide que te asegures que has programado el tiempo suficiente para un ocio de alta calidad y libre de culpa. Te dice:

- No trabajes más de veinte horas a la semana en este proyecto.
- No trabajes más de cinco horas al día en este proyecto.
- *Debes* hacer ejercicio, distraerte o bailar al menos una hora al día.
- *Debes* descansar al menos un día a la semana de cualquier trabajo.
- Proponte emprender treinta minutos seguidos de trabajo de calidad.
- Trabaja en un primer esfuerzo imperfecto, perfectamente humano.
- Empieza por algo pequeño.

Esta estrategia invierte los miedos a acabar agobiado y a fallar y los convierte en herramientas útiles para desarrollar el hábito de *Hazlo ahora*. Nuestra costumbre más habitual es programar el tiempo de trabajo y dejar nuestro ocio razonablemente desestructurado. Cuando se te pide que programes y que respetes el horario del recreo, y que al principio limites tu actividad de trabajo a períodos predeterminados de media hora, *la no agenda genera un deseo subconsciente de trabajar más y distraerte menos.*

Un paciente mío de casi treinta años, Alan, parecía tener el mismo comportamiento que los niños pequeños o que los adolescentes rebeldes. Los contraproducentes «debería» que se dedicaba en forma de «tienes que hacer este trabajo» le provocaban el inevitable «no, no quiero hacerlo» siempre que pensaba en su tesis doctoral.

Aunque Alan insistía en que *quería* completar su doctorado, su procrastinación demostraba que inconscientemente estaba oponiendo resistencia a la presión de una autoridad externa que sentía que trataba de forzarlo a hacer algo contra su voluntad. Como llevaba años siguiendo este patrón, era evidente que Alan esperaba que yo ejerciese todavía más presión. En lugar de caer en esta trampa e identificarme con sus antiguas figuras de autoridad, le dije: «Has venido a que te ayude a enfrentarte a una tarea muy extensa y compleja, que te llevará más de un año de trabajo intenso. Será un año con menos tiempo para ver a tus amigos y para hacer lo que realmente te gusta hacer y te resulta fácil. Pero no pienso hacerlo». Le dije que era demasiado difícil intentar obligar a alguien a hacer algo que en realidad no quería hacer y, además, que yo no le echaría la culpa por ello. Por lo que a mí respectaba, *él no tenía ninguna obligación de hacerlo.* «Estás perfectamente bien tal y como estás ahora —lo tranquilicé—. Hay muchísima gente en el mundo que no tiene un doctorado y que es perfectamente feliz y triunfa en la vida. No tienes por qué asumir esta tarea tan difícil.»

Este planteamiento era nuevo y llamó la atención de Alan. Tan pronto como le sugerí que no tenía por qué acometer la monumental tarea de invertir entre uno y dos años de investigación y redacción en una tesis, Alan empezó a darse cuenta de que, aunque la perspectiva de todo aquel trabajo intenso no le chiflaba, seguía queriéndolo intentar.

Sin embargo, yo no estaba totalmente convencido del compromiso de Alan, de modo que le dije que solo trabajaría con él si estaba dispuesto a hacer exactamente lo que le pidiera. «*No trabajes más de veinte horas a la semana* —le insistí—. Y no trabajes nunca más de cinco horas al día en tu proyecto. Prométeme que resistirás la tentación de trabajar más de veinte horas a la semana.»

Eso fue otra sorpresa para Alan. En los últimos dos años no había logrado trabajar más de cinco horas de calidad *a la semana*, y ahora aparecía yo pidiéndole que prometiera trabajar menos de cinco horas *al día*. Eso le creó una sorprendente inversión de presiones.

Cuando acabé con mis exigencias, Alan estaba bastante enojado conmigo y, después de salir de su estado de asombro, me dijo: «¿Quién es usted para decirme que no trabaje más de veinte horas a la semana ni más de cinco horas al día? Es mi tesis». A lo cual le respondí: «Sí, es tu tesis, y tú decides cuánto *eliges* trabajar, pero me gustaría que la semana que viene te resistieras a la tentación de trabajar más de veinte horas».

Alan se había estado resistiendo a las autoridades, a los «tengo que» y a los «debería» usando la procrastinación. Ahora, para rebelarse contra esta nueva autoridad, tendría que trabajar *más* y exigir el derecho a superar el límite de trabajo que yo le había marcado.

A la semana siguiente, Alan regresó a mi consulta con la no agenda completada. Por primera vez en dos años había disfrutado plenamente de sus actividades de ocio sin sentirse culpable. Pero tenía sentimientos encontrados al enseñarme el número de horas que había trabajado. Alan estaba contento porque había dedicado dieciocho horas al trabajo de calidad: era mucho más de lo que había conseguido en años.

Alan había superado su procrastinación y su apatía a la hora de empezar y había superado a las autoridades imaginarias contra las que estaba tan acostumbrado a luchar. Su logro era realmente suyo, y no un «tengo que» de ellos o mío. Estaba orgulloso de su avance e ilusionado sobre el notable cambio que había experimentado en sus sentimientos y su actitud hacia el trabajo.

Pero Alan no valoró realmente el poder de la resistencia positiva y del logro personal hasta varias semanas más tarde, cuando fue capaz de desafiarme todavía más llevándome su no agenda con veintidós horas de trabajo de calidad completadas en una semana y seis horas en un día.

Esto es un uso productivo de la resistencia a la autoridad y de tu derecho a insistir: «No, no tengo que hacerlo por nadie. Es mi trabajo y es mi vida».

Cómo utilizar la no agenda

Las instrucciones para llenar tu no agenda se han perfilado a lo largo de los últimos veinticinco años con aportaciones de miles de pacientes y participantes en mis talleres. Las once pautas de la no agenda han sido cuidadosamente pensadas y se sugiere aplicarlas firmemente durante un mínimo de dos semanas antes de hacer cualquier ajuste. En caso de que eligieras experimentar con algún cambio en tu no agenda, encontrarás útil el apartado «Ajustar tu no agenda».

1. **Planifica únicamente:**

   - actividades previamente comprometidas como comidas, descanso, reuniones;
   - tiempo libre, recreo, lectura por placer;
   - actividades sociales como comidas y cenas con amigos;

- actividades saludables como nadar, correr, jugar al tenis o hacer gimnasia, y
- acontecimientos rutinarios estructurados como transporte, clases y visitas médicas.

Para los principios de «desprogramación», resulta básico que primero apuntes en la no agenda todas las actividades no relacionadas con el trabajo que te sean posibles. Eso te ayudará a superar la fantasía de que dispones de veinticuatro horas al día y de cuarenta y ocho cada fin de semana para trabajar en tus proyectos. Agudizará tu percepción del tiempo real disponible y te convertirá en un mejor gestor de tu tiempo.

No programes trabajo en proyectos. Recuerda, primera y principalmente, que la no agenda garantiza tu ocio sin culpa y legitima tu tiempo personal. El primer paso te ayudará a evitar asustarte con planes demasiado ambiciosos y dictatoriales de trabajo que solo llevan al fracaso, la decepción, la autocrítica y la procrastinación.

2. **No incluyas en tu no agenda el trabajo en proyectos *hasta* que hayas acabado al menos media hora.** Piensa en la no agenda como si fuera un cronómetro en el que fichas al empezar a trabajar y fichas a la salida cuando te atribuyes el mérito de tu avance. Querrás mantener la ilusión sobre cuánto has logrado en un breve período de tiempo, más que la ansiedad sobre cuánto queda por hacer. También puedes utilizar tu compromiso de media hora como tu propia fecha de entrega para motivarte a trabajar con mayor eficiencia.

3. **Atribúyete el mérito *solo* por los períodos de trabajo que representen al menos treinta minutos de trabajo *ininterrumpido*.** No apuntes en tu no agenda el tiempo trabajado si lo has dejado antes de que pasaran treinta mi-

nutos. La disciplina de mantenerte en la tarea durante los primeros minutos de distracciones potenciales y de inercia es necesaria para llevarte hasta la implicación y el interés en tu trabajo. Cuando te mantienes en la disciplina de trabajo *ininterrumpido*, sabes realmente que la media hora que has ganado en tu no agenda representa *trabajo de calidad*, sin viajes a la cocina en busca de patatas fritas ni llamadas de teléfono. Este logro creciente reforzará tu orgullo y confianza en ti mismo como persona productiva.

4. **Gratifícate con una pausa o con el cambio a una actividad más placentera después de cada período de trabajo.** Te lo mereces. ¡Has empezado! Y al superar la inercia has empezado a acumular un impulso que te facilitará la puesta en marcha la próxima vez. Recompensándote a ti mismo por cada logro positivo, creas asociaciones positivas en lugar de negativas con tu trabajo. Ahora eres el encargado de crear un hábito nuevo y mejor: el hábito de *Hazlo ahora*.

5. **Lleva un control de las horas de calidad que trabajas cada día y cada semana. Súmalas todas**. Destaca lo que *ya* has cumplido. Eso ya es gratificante de por sí y establece un patrón positivo, que aplaude el trabajo con una palmadita en la espalda. También te alerta de aquellos días —por ejemplo, los miércoles— en los que querrás empezar antes a trabajar en tus proyectos prioritarios para aumentar el número de horas trabajadas en un día en particular.

6. **Déjate siempre al menos un día entero cada semana para el recreo y las pequeñas cosas de las que deseas ocuparte**. Evita el resentimiento y la sensación de estar quemado que puede provocar la ausencia de días de fiesta debido al trabajo. Incluye en cada semana los rituales familiares de ocio y juego. Te sentirás más motivado para reto-

mar tus proyectos prioritarios una vez hayas descansado. Trabajar resultará menos agobiante cuando estés experimentando las mejores partes de tu vida *ahora* y teniendo la sensación de que no vives en un compás de espera debido a tu trabajo. Dedica tiempo a ti mismo y a las tareas menos prioritarias que tal vez te apetezca hacer como cambio de ritmo: pequeñas reparaciones en casa, jardinería, cartas pendientes de escribir... Este día es esencial para rejuvenecer y mantener la creatividad y la motivación.

7. **Antes de decidirte a asistir a una actividad de recreo o a un compromiso social, dedica solo treinta minutos de trabajo a tu proyecto**. Cualquier actividad placentera o frecuente en la que te embarcas tiene el poder de crear motivación por la actividad que le sigue. Aplicando este «truco de la abuela» —tendrás tu helado *después* de comerte el plato de espinacas—, puedes ponerte en marcha con menos angustia y fomentar el establecimiento de buenos hábitos.

Pronto descubrirás que el trabajo que antes era difícil o desagradable resulta más fácil y placentero. Esta técnica puede incluso convertirse en un trampolín para ponerte a hacer proyectos que antes evitabas. Por un lado, 1) aprovecha tu atracción por la actividad placentera para ponerte en marcha más a menudo; por el otro, 2) te permite disfrutar de la actividad que te gusta sin sentirte culpable, y, además, 3) hace que tu subconsciente se ponga a pensar ya en el proyecto mientras tú te distraes, resolviendo los bloqueos de manera creativa mientras tu atención está centrada en otro lugar y aumentan tus ganas por volver a la tarea con tus nuevas soluciones.

8. **Céntrate en empezar**. Tu misión es llegar a tiempo al punto de partida. La ventaja de esto es que tu lista de queha-

ceres solo necesita tener un elemento prioritario: «¿Cuándo podré empezar de nuevo?». Sustituye todos los pensamientos sobre *acabar* con pensamientos sobre cuándo, dónde y en qué puedes *empezar*.

9. **Piensa en pequeño.** *No* te marques como objetivo el acabar un libro, escribir cartas, rellenar tu declaración de Hacienda o trabajar ininterrumpidamente ni siquiera durante cuatro horas. Apunta a *media hora de trabajo concentrado y de calidad.*

10. **Empieza una y otra vez.** El final llegará solo. Cuando llegue el momento de empezar los treinta minutos en que acabarás el proyecto, ése será también un acto de inicio: el inicio de la conclusión de tu proyecto actual, además del inicio de tu siguiente proyecto. De modo que olvídate de acabar. Si tienes que preocuparte, preocúpate por empezar. Para acabar, lo único que tienes que hacer es seguir empezando.

11. **No acabes nunca «mal».** Es decir, no dejes nunca el trabajo cuando estés bloqueado o al final de un segmento. Recuerda el «truco de la abuela»: para crear buenos hábitos, tus pausas y premios deben venir después del trabajo. No hay premio hasta que no te enfrentes a lo que has estado evitando. No hagas nunca una pausa (gratificación) cuando estés acabando una parte o a punto de tirar la toalla. Quédate siempre cinco o diez minutos más cuando estés en un punto difícil e intenta dar al menos con una solución parcial en la que más adelante puedas profundizar. Mantente abierto o curioso sobre cómo tu mente resolverá el problema de manera rápida y creativa. Te darás cuenta de que permanecer con la dificultad un rato más es lo bastante como para que tu cerebro lo resuelva con creatividad. Avanzar cuida-

dosamente durante un bloqueo o empezar el tramo siguiente antes de abandonar crea un impulso positivo y hace que la vez siguiente te resulte mucho más fácil ponerte en marcha, eliminando así la necesidad de procrastinar.

Haz copias del horario de veinticuatro horas que hay en las páginas 164-165 para cada semana, confecciona tu propia no agenda con tarjetas de unos 12 × 20 centímetros o adáptala de cualquier agenda personal que utilices. Advierte que te he dejado veinticuatro horas para programar trabajo y ocio; de esta manera cuentas todas las horas, incluyendo el sueño y las comidas. También tendrás un montón de espacio para adaptar el horario a turnos nocturnos y a hábitos de trabajo matutinos o vespertinos. Deja dos espacios sin utilizar para sumar el tiempo dedicado al «trabajo de calidad» cada día y un espacio para el total de la semana.

Las páginas 166-169 son reproducciones de la no agenda utilizada por Fran, la subdirectora a la que conocimos en el capítulo 2. El paso 1 de Fran (pp. 166-167) ilustra cómo siguió las instrucciones para rellenar la no agenda al inicio de la semana. Se dejó tiempo para almorzar, hacer llamadas y recados; así, sus expectativas de lo que podía hacer durante la semana eran más realistas. Esto incrementó su motivación para buscar tiempo destinado al proyecto con el que estaba más comprometida.

Las páginas 168-169 muestran la no agenda de Fran al final de la semana. Fran usó un rotulador fluorescente para marcar el tiempo realmente dedicado a trabajar; así, al final de cada día podía detectar rápidamente las zonas destacadas y sumar su tiempo de trabajo de calidad. El sábado, Fran dedicaba todo el día al ocio sin culpa.

También es buena idea usar distintos colores para los distintos tipos de actividad. Por ejemplo, si tu objetivo es in-

LA NO AGENDA DEL PROGRAMA DE *HAZLO AHORA*

Horas	*Lunes*	*Martes*	*Miércoles*	*Jueves*	*Viernes*	*Sábado*	*Domingo*
6-7							
7-8							
8-9							
9-10							
10-11							
11-12							
12-13							
13-14							
14-15							
15-16							
16-17							
17-18							

Horas	*Lunes*	*Martes*	*Miércoles*	*Jueves*	*Viernes*	*Sábado*	*Domingo*
18-19							
19-20							
20-21							
21-22							
22-23							
23-24							
24-1							
1-2							
2-3							
3-4							
4-5							
5-6							
Subtotal							
Total							

PASO UNO DE FRAN

<table>
<tr><th>Horas</th><th>Lunes</th><th>Martes</th><th>Miércoles</th><th>Jueves</th><th>Viernes</th><th>Sábado</th><th>Domingo</th></tr>
<tr><td>6-7</td><td colspan="5">Dormir</td><td rowspan="2">Dormir</td><td rowspan="2">Dormir</td></tr>
<tr><td>7-8</td><td colspan="5">Ejercicio, ducha, desayuno</td></tr>
<tr><td>8-9</td><td colspan="5">Trayecto al trabajo</td><td>Tenis con Jan</td><td>Periódico dominical</td></tr>
<tr><td>9-10</td><td colspan="5">Correo, llamadas, contacto personal</td><td>Desayuno</td><td rowspan="2">Desayuno</td></tr>
<tr><td>10-11</td><td>Ver a jim</td><td></td><td></td><td>Personal</td><td></td><td></td></tr>
<tr><td>11-12</td><td></td><td></td><td>Personal</td><td></td><td></td><td>Compras</td><td></td></tr>
<tr><td>12-13</td><td></td><td></td><td></td><td>Comida con Sue</td><td>Almuerzo de trabajo</td><td>Recados</td><td rowspan="2">Excursión</td></tr>
<tr><td>13-14</td><td>Comida</td><td>Comida</td><td>Comida</td><td></td><td>Llamadas</td><td></td></tr>
<tr><td rowspan="2">14-15</td><td>Llamadas</td><td>Llamadas</td><td>Llamadas</td><td></td><td></td><td rowspan="4">Jardinería</td><td rowspan="2"></td></tr>
<tr><td colspan="5" rowspan="2">Reunión</td></tr>
<tr><td rowspan="2">15-16</td><td rowspan="2"></td></tr>
<tr><td></td><td></td><td></td><td>Llamadas</td><td></td></tr>
<tr><td>16-17</td><td></td><td></td><td></td><td></td><td></td><td></td><td></td></tr>
<tr><td>17-18</td><td></td><td>Personal</td><td></td><td></td><td></td><td>Ducha</td><td></td></tr>
</table>

<table>
<tr><th>Horas</th><th>Lunes</th><th>Martes</th><th>Miércoles</th><th>Jueves</th><th>Viernes</th><th>Sábado</th><th>Domingo</th></tr>
<tr><td>18-19</td><td colspan="5">Regreso (tienda)</td><td>Bob</td><td>Cena</td></tr>
<tr><td>19-20</td><td>Aerobic</td><td>Bob</td><td>Aerobic</td><td>Bob</td><td>Aerobic</td><td>Cena</td><td></td></tr>
<tr><td>20-21</td><td colspan="3">Cena</td><td rowspan="3">Sinfónica</td><td rowspan="2">Cena con Alan y Ruth</td><td rowspan="4">Cine</td><td>Facturas</td></tr>
<tr><td>21-22</td><td></td><td>Bob</td><td>Club esquí</td><td>Planear semana</td></tr>
<tr><td>22-23</td><td></td><td></td><td></td><td></td><td></td></tr>
<tr><td>23-24</td><td></td><td></td><td></td><td></td><td>Correo y facturas</td><td></td></tr>
<tr><td>24-1</td><td colspan="5">Dormir</td><td></td><td></td></tr>
<tr><td>1-2</td><td></td><td></td><td></td><td></td><td></td><td colspan="2">Dormir</td></tr>
<tr><td>2-3</td><td></td><td></td><td></td><td></td><td></td><td></td><td></td></tr>
<tr><td>3-4</td><td></td><td></td><td></td><td></td><td></td><td></td><td></td></tr>
<tr><td>4-5</td><td></td><td></td><td></td><td></td><td></td><td></td><td></td></tr>
<tr><td>5-6</td><td></td><td></td><td></td><td></td><td></td><td></td><td></td></tr>
<tr><td>Subtotal</td><td></td><td></td><td></td><td></td><td></td><td></td><td></td></tr>
<tr><td>Total</td><td></td><td></td><td></td><td></td><td></td><td></td><td></td></tr>
</table>

LA NO AGENDA DE FRAN*

Horas	Lunes	Martes	Miércoles	Jueves	Viernes	Sábado	Domingo
6-7	Dormir					Dormir	
7-8	Ejercicio, ducha, desayuno						
8-9	Trayecto (tintorería, periódico)					Tenis con Jan	Periódico dominical
9-10	Correo, llamadas, consultas personal					Desayuno	Desayuno
10-11	Ver a Jim		Personal	Personal			
11-12	Llamadas	Consultas Llamadas		Consultas		Compras	Excursión
12-13		Marketing y comida	Llamadas	Comida con Sue	Almuerzo de trabajo	Recados	
13-14	Comida		Comida		Llamadas	Comida	
14-15	Llamadas	Llamadas	Reunión			Jardinería	
15-16			Consultas	Llamadas			
16-17				Consultas	Personal	Lectura	
17-18		Personal				Ducha	

Horas	Lunes	Martes	Miércoles	Jueves	Viernes	Sábado	Domingo
18-19	Trayecto (tienda)					Bob	Cena
19-20	Aerobic	Bob	Aerobic	Cena	Aerobic	Cena	TV
20-21	Cena			Sinfónica	Cena con Alan y Ruth	Cine	Facturas
21-22	TV	Bob	Club esquí				Planear semana
22-23	Facturas						Lectura
23-24	Lectura	Dormir	Dormir	Dormir	Correo y facturas		Dormir
24-1	Dormir				TV	Dormir	
1-2					Dormir		
2-3							
3-4							
4-5							
5-6							
Total trabajo	30 min., 1 h., 45 min., 30 min.	1 h., 1 h. 30 min., 30 min.	30 min., 1 h., 1 h., 1 h. 30 min.	30 min., 1 h. 15 min., 30 min., 1 h.	1 h. 30 min., 30 min.,1 h., 45 min.	Total semanal	30 min., 30 min.
Total	3 h. 30 min.	3 h.	4 h.	3 h. 15 min.	3 h. 45 min.	18 h. 30 min.	1 h.

* Las celdas sombreadas corresponden a tiempo que actualmente se invierte en trabajo.

cluir más tiempo de ocio en tu vida, utiliza el rojo para las actividades divertidas, así podrás repasar rápidamente las no agendas del mes pasado o del año pasado y ver cuánto rojo (ocio) hay en tu vida. Utiliza tu color favorito para tus grandes proyectos y metas, de modo que disfrutes realmente rellenando esas medias horas. Elige un color concreto para las clases (verde), otro para las reuniones (azul), otro para la vida social con amigos (amarillo), de modo que puedas encontrar rápidamente cuándo está programada la actividad.

El código de colores de la no agenda también te permitirá detectar rápidamente los patrones que destacan en tus actividades y compromisos. Puede que te des cuenta de que los martes, la no agenda de Fran refleja una reunión a la hora del almuerzo con el departamento de marketing y unos cuantos problemas de personal, lo que convierte su martes en el día menos productivo de la semana. Antes de que Fran aplique la vieja solución «esfuérzate más», puede que detecte que, ese día, su no agenda está demasiado poco estructurada. Puede que necesite programar más tiempo destinado a los temas de personal y más reuniones los martes para así rebajar sus expectativas sobre cuántas horas de trabajo de calidad puede esperar razonablemente completar ese día. Y puede que tenga que programar más tiempo de ocio para disponer de algo apetecible y evitar la sensación de agobio que provoca tener solo trabajo por delante durante todo un día.

Después de usar la no agenda durante dos o tres semanas, mira en qué momentos trabajas mejor y cuáles son los días en que necesitarías centrarte en empezar más pronto. Por ejemplo, puede ser que el lunes sea tu día poco productivo de la semana, un día en el que sueles trabajar en tu proyecto menos de tres horas, cuando tu objetivo es hacerlo una media de cuatro. Cuando examines las actividades anotadas los lunes en tu no agenda, puede que descubras que hay otros quehaceres que te ocupan legítimamente tiempo de tu día, lo cual reduce tus horas disponibles para trabajar. Así, puede que tengas que rebajar tus objetivos para los lunes. Aunque lo más probable es que los lunes estés siguiendo un patrón de procrastinación (tal vez consistente en estar agobiado o en imaginarte que tienes todo el tiempo del mundo para dedicarlo a tu proyecto) que te impide ponerte en marcha más pronto. Tus no agendas de las últimas semanas te ayudarán a ver cuándo te has distraído y tu diario de procrastinación (véase el capítulo 2) te indicará cuál era tu estado de ánimo y tu tipo de diálogo interior en ese momento. Si estás atento y con ánimo resolutivo, puedes prepararte para el lunes siguiente, centrando tus energías en ponerte en marcha —solo entre quince y treinta minutos— antes del mediodía. Eso preparará tu cerebro con ideas y soluciones creativas mientras disfrutas de tu tiempo de ocio.

Un patrón bastante corriente es pasar por un bajón después de un período de trabajo intenso. Puede que observes que, después de varios días de ocho horas de trabajo, sin parar los fines de semana, pierdes una semana entera procrastinando o hasta te pones enfermo. De vez en cuando puedes ser capaz de trabajar así, cuando hay que cumplir con una fecha de entrega, pero si trabajas en un proyecto a largo plazo, necesitarás la estrategia de los corredores de maratón, no la de los *sprinters*. Si tienes que mantener el alto rendimiento a largo plazo, necesitarás cumplir tu compromiso con el tiempo libre programado y evitar cualquier tendencia propia de los adictos al trabajo.

Ajustar tu no agenda

A las dos semanas de utilizar la no agenda, puedes esperar tener una mayor conciencia de tus patrones de trabajo —sus puntos fuertes y sus debilidades— y de cómo empleas el tiempo. Por ejemplo, es muy probable que observes que a medida que estructuras más tus actividades de ocio en tu horario, estos períodos de relajación sin culpa suavizan el terror a agobiarte por los grandes proyectos de trabajo. Te darás cuenta de que las pausas, las comidas y los ratos que dedicas a hacer ejercicio te ayudan a contemplar los proyectos extensos en partes manejables, intercaladas con el tiempo adecuado para recobrar el aliento.

Con los años me he dado cuenta de que hay tres o cuatro cosas que la gente necesita descubrir cuando empiezan a utilizar la no agenda:

Probablemente estés más ocupado de lo que pensabas. Apuntar tus actividades ajenas al trabajo te permite calcular el tiempo disponible para los proyectos que realmente marcan la diferencia en tu carrera y en tu vida. Con todas las exigencias de tu día, necesitarás determinación para empezar todo lo pronto que puedas por la mañana a trabajar en tu proyecto especial. Puede que necesites establecer tus prioridades, ser más claro a la hora de diferenciar lo urgente de lo importante, dejar de lado o delegar algunos proyectos y encontrar más horas para dedicarlas a tu objetivo principal.

Hay días menos productivos que otros. Anota los días en los que te muestras menos productivo y pierdes el tiempo con actividades como mirar la tele o recibiendo visitas no programadas en la oficina. Mantente especialmente alerta con las distracciones de estos días; reafirma tu compromiso de pasar de largo del carrito del café y alrededor de la bandeja de entrada de tu correo durante al menos treinta minutos a primera hora de la mañana, para empezar el día con un empuje positivo.

Otros días estás tan atareado que necesitas rebajar tus expectativas sobre empezar un proyecto importante. Las emergencias médicas, las exigencias de tus amigos y los recados inesperados pueden llegar a consumirte el día entero. Para encontrar solo de diez a treinta minutos y trabajar en *tu* proyecto importante deberás luchar contra la presión de los demás. (Recuerda que tus prioridades, tu carrera y tu desarrollo tienen valor y merecen tu compromiso y tu apoyo.)

Hasta media hora de trabajo en tu proyecto basta para mantener el impulso y evitar la carga añadida de tener que superar la apatía mañana. Pero si eso no funciona y no consigues arrancar, haz una retirada estratégica para reagrupar tus energías para mañana y elige *libremente* dedicarte a hacer otras actividades. Liberarte del sentimiento de culpa te dará todavía más ganas y determinación para empezar al día siguiente.

Ten cuidado si, al cabo de unas cuantas semanas, te encuentras con que has dejado de apuntar tus ratos de ocio en la no agenda y solo estás anotando los períodos de trabajo de calidad. Eso puede funcionar cuando estás en un momento álgido de un proyecto, pero más adelante no tendrás un detalle preciso de las interrupciones inesperadas. No sabrás qué es lo que te impide ser todavía más eficiente o ponerte a trabajar más pronto en tus proyectos. Sin un registro de tus compromisos legítimos con el ocio es más probable que luego te sientas culpable por haber perdido tiempo o que te deprima ver en tu agenda espacios vacíos en los que no puedes recordar qué hiciste. Haz un esfuerzo por ser más consciente de tus actividades de ocio y apuntarlas. Anota los períodos ocupados (en dormir, comer, ir de casa al trabajo, hacer ejercicio, relacionarte) y *respétalos con puntualidad y exactitud.*

Tal vez prefieras tener una hora fija a la que empezar cada mañana, lo cual podría facilitarte la creación de un hábito. Programa *media hora* concreta para poner en marcha tu proyecto principal lo antes posible cada día. Podrías apartar media hora cada mañana para arrancar tu proyecto de extrema prioridad. Una vez hecho, serás libre de dedicarte a tu siguiente proyecto de alta prioridad durante la *próxima* media hora disponible. No anotes el tiempo trabajado hasta que hayas cumplido al menos treinta minutos de trabajo ininterrumpido. Luego apúntate el tiempo añadiéndolo a tu suma del día.

Utiliza los comportamientos más frecuentes —en general, tus actividades favoritas— como armas de motivación para aumentar y reforzar cualquier hábito positivo que quieras afianzar. Si, por ejemplo, miras la tele después de dejar de lado un proyecto, el acto de apartarlo se convertirá en un hábito negativo todavía más fuerte porque va seguido de una recompensa. En cambio, si cuadrar las cuentas, escribir o pintar vienen antes que mirar la tele, comer o dormir, creas un hábito positivo. A medida que estos logros se van asociando con el placer, te embarcarás en ellos más a menudo y con más facilidad.

No pararás de encontrar nuevas formas de adaptar la no agenda a las necesidades específicas de tus situaciones de ocio y trabajo. Experimenta con ideas que la personalicen: empieza la semana en sábado o miércoles o limita el horario vacío para adaptar tu agenda de citas. La auténtica clave para formar tu hábito de *Hazlo ahora* está en adaptar sus estrategias y herramientas a tu estilo personal.

La no agenda está pensada para ayudarte a integrar las estrategias de *Hazlo ahora* para poder concentrar tus energías en ser productivo. Utilizar la no agenda te brinda cinco beneficios principales que llevan a un mayor goce del ocio sin culpa y a superar la procrastinación:

1. **Horario realista.** A través del registro inicial de todo tu tiempo ocupado —en actividades como el sueño, las comidas, el ejercicio, las clases, las reuniones, poner lavadoras y leer— te vuelves muy consciente del tiempo que realmente te queda para dedicarlo a trabajar en los objetivos que has declarado tener. Eso te curará rápidamente de la fantasía de «tener toda la semana» y de la terrible sorpresa de «se me olvidó que me vienen a ver mis padres». El horario realista se convertirá en una herramienta básica de tu caja de herramientas y técnicas para superar la procrastinación.
2. **Treinta minutos de tiempo de calidad.** Proponiéndote *empezar* (en lugar de acabar) durante solo treinta minutos, aumentas la probabilidad de no acabar agobiado. Cuando te pones a hacer una tarea distinta paso a paso durante períodos breves, puedes adquirir un sentido de haber logrado algo antes que si te propones grandes metas con gratificaciones lejanas. Cada media hora puede dedicarse a lograr hacer algo o, al menos, a lograr organizarlo, de modo que la próxima vez resulte más fácil empezar. Empezar poco a poco permite tener durante el día más oportunidades de dar pequeños pasos en dirección a los objetivos grandes y a largo plazo, participar de la vida plenamente y experimentar el poder de nuestra vertiente creativa trabajando desde el fondo, mientras se hacen otras tareas y se disfruta del merecido recreo.
3. **Experimentar el éxito.** Si registras el tiempo trabajado, podrás ver tus progresos en lugar de tus fallos por no haber cumplido con un horario poco realista. Programando gratificaciones o actividades alternativas, atenuarás la privación asociada al trabajo y empezarás a experimentarlo como algo que te da orgullo y te permite disfrutar plenamente de tu tiempo de ocio.

4. **Fechas límite autoimpuestas.** Las fechas límite suelen crear cierta dosis de presión productiva, pero normalmente son demasiado distantes como para permitir un trabajo de calidad. Cualquier estudiante conoce los beneficios de estudiar en el último momento ante el pelotón de fusilamiento que supone una fecha de examen o de entrega de un trabajo: el estudio y la redacción han de ser eficaces, al grano; el trabajo se desempeña con toda la atención y la ilusión de desplegar creatividad ante la presión. La fecha límite no solo define el marco temporal, sino que además indica cuándo se recibirá la gratificación por el esfuerzo o el castigo por no haber completado el trabajo. Solo que ahora eres tú, no el profesor ni la figura de autoridad, quien controla el tiempo. Y con el sistema de la no agenda, la consecuencia de completar media hora o más de trabajo de calidad es lo que obtienes para mantener tu compromiso con tu salud, tus amigos y otros temas relacionados en la lista de quehaceres... *sin sentirte culpable*. Obtener una recompensa después de un breve período de trabajo hace que aumenten mucho tus asociaciones positivas con el trabajo e incrementa tu tendencia a regresar al proyecto laboral, es decir, te ayuda a adquirir un hábito positivo.
5. **Tiempo libre recuperado.** Uno de los muchos beneficios secundarios de programar tus actividades de ocio es que, cuando una de ellas se cancela, de pronto te puedes encontrar pensando aliviado: «Dispongo de tiempo libre para trabajar». Antes, forzarte a trabajar durante este tiempo te habría resultado muy difícil, pero ahora, siempre que te encuentres inesperadamente con tiempo en las manos, estarás recogiendo los beneficios de la psicología inversa, experimentarás este fantástico y a menudo sorprendente sentido de la

motivación de ponerte en marcha. Cuando has vivido como procrastinador crónico (diciéndote a ti mismo que eras un vago y, tal vez, un inútil), es una sorpresa bastante agradable descubrir que realmente *tienes* ganas de trabajar en este tiempo libre que has recuperado.

7

Trabajar en estado de fluidez

> Hay nuevos estudios que llevan a la conclusión de que estos casos [de encontrarse totalmente absorbido por una tarea desafiante] son, en efecto, estados de alteración en los que la mente funciona a pleno rendimiento, el tiempo a menudo se distorsiona y una sensación de felicidad parece invadir el momento.
>
> DANIEL GOLEMAN, en *The New York Times*

Aprender a trabajar de manera creativa y saber que puedes aprovechar los estados creativos a voluntad puede aliviar la pesadez del trabajo y aumentar tu ilusión por cómo trabajas. Rebajando la agonía del trabajo molesto, los estados mentales creativos superan buena parte de la lucha y el temor que te hacen defenderte a base de procrastinar.

Todos experimentamos cambios durante el día hacia niveles naturales de calma, energía concentrada y atención. En momentos así, nuestra capacidad de concentración mejora mucho, de manera que somos capaces de concentrarnos en un tema, dejando de lado nuestros estímulos externos, y somos menos propensos a distraernos por los miedos y las preocupaciones que llevan a la procrastinación. Durante estos estados especiales, nuestra tolerancia al dolor y al ruido es mayor de lo habitual, mientras que el pulso, la presión sanguínea y el ritmo cardíaco son menores y el metabolismo es más eficiente. Es un estado más saludable, en el cual aumenta nuestra capacidad para desarrollar actividades atléticas o creativas y resolver problemas.

Se pueden aprender métodos para alcanzar este estado y, así, trabajar al nivel de un genio (o casi). Esta técnica, a la que llamo «trabajar en estado de fluidez», te enseñará a adquirir rápidamente niveles de consciencia y de funcionamiento cerebral que te permitan trabajar con más energía, entusiasmo y eficiencia.

En lugar de esperar a sentirte perfectamente o «con el ánimo inspirado» para ponerte a trabajar, puedes utilizar esta técnica para que el «simplemente, hazlo» se convierta en una posibilidad real, en vez de los trillados consejos habituales para superar la procrastinación.

El periodista John Poppy informaba, en la revista *Esquire*, de los estados mentales etiquetados como «estados de fluidez» por el doctor Mihály Csikszentmihályi, de la Universidad de Chicago, y como «concienciación» por quienes estudiaban los estados de atención activa en la Universidad de Harvard. Las características del estado de fluidez incluyen la calma y la energía concentrada; la expansión del tiempo; el deleite ante las nuevas ideas; la facilidad para evitar o resolver problemas, y la potenciación de la concentración.

Poppy describía el estado de fluidez en los atletas como algo que «refleja un estado interior que está a la vez intensamente concentrado y excepcionalmente tranquilo. Los atletas que tanto admiramos parecen entrar a veces en otra dimensión. Asediados por los contrincantes deportivos, agobiados por los gritos de las masas, hacen que lo difícil, hasta lo sobrenatural, parezca fácil y... crean armonía donde, de lo contrario, reinaría el caos».

Las personas que rinden el máximo en el terreno deportivo, musical, médico y empresarial tienen estas experiencias cuando están totalmente absortos por una atención casi sin esfuerzo en una tarea desafiante. A estos estados se les ha atribuido beneficios de salud física y mental, vigorización y un estado de alerta relajada. Alcanzar este estado de ímpetu mental a conciencia requiere cierto entrenamiento, pero se puede aprender y aplicarlo tanto a las tareas domésticas diarias como a los proyectos en la oficina.

Usar más parte del cerebro

Entrar en el estado de fluidez como condición previa para el trabajo te ayuda a salvar la distancia entre las funciones lineal y creativa del cerebro. Este proceso es tan natural como la «supresión voluntaria de la desconfianza» (dejar de lado temporalmente la facultad crítica de tu mente lógica), la cual te permite disfrutar de una película o de un libro sin pensar constantemente que lo que está ocurriendo no es real. No envidio a los críticos cinematográficos que, mientras tratan de evadirse con una película encantadora, han de recurrir constantemente a sus facultades críticas para evaluar la iluminación, la interpretación, la banda sonora y los ángulos de la cámara.

Sabrás que tus funciones críticas obstaculizan tu lado creativo cuando te oigas decir:

- ¿Es éste el camino indicado?
- ¿Será lo bastante bueno?
- ¿Y si el jefe/profesor/público no lo aprueban?

- ¿Soy capaz de hacerlo?
- Tengo que acabar pronto.
- ¿Cuándo aprenderé a empezar antes?
- Queda tanto por hacer.

Para trabajar creativa y rápidamente, las funciones crítica y lógica de tu cerebro (atribuidas en general al hemisferio izquierdo) deben quedar en suspenso de manera temporal para permitir que las funciones creativas (las cuales suelen atribuirse al hemisferio derecho) empiecen a hacer fluir las ideas y la inspiración que necesitas. Más tarde, el lado izquierdo ya las organizará para adaptarlas a los requisitos del proyecto o del cliente. La función crítica/lineal es vital para el proceso creativo en sí mismo, pero si hay que dar al lado creativo la oportunidad de demostrar lo que sabes a un nivel más profundo —lo que puede hacer la parte más grande de tu cerebro—, la función crítica ha de ser postergada hasta después de que hayas establecido un avanzadilla mental desde el cual trabajar. Con el fin de que ocurra este cambio, deberás dejar de lado tus preocupaciones por la perfección, el rigor y la aceptación.

La mayoría de nosotros nos enfrentamos al trabajo, los exámenes y las actividades creativas como si solo fuéramos capaces de pensar linealmente y de funcionar con mentalidad de supervivencia (estrés), utilizando tan solo el hemisferio izquierdo del córtex cerebral y la respuesta reptiliana de enfrentamiento o huida. La mentalidad procrastinadora, con sus imágenes amenazadoras de fracaso potencial y de pérdida de la aprobación, detendrá la creatividad e impedirá el acceso a las funciones superiores y de desarrollo más reciente del cerebro, convirtiendo la felicidad potencial del proceso creativo en frustración. Intentar ser creativo (o relajarse y concentrarse) se puede volver casi imposible si la llamada parte práctica de tu cerebro está intentando supervisar, criticar y arreglar cualquier posible error antes de que tu lado intuitivo haya tenido ocasión de construir confianza ante una actividad incómoda o desagradable.

No obstante, si se utiliza como es debido, el creativo hemisferio derecho del cerebro es capaz de aportar en pocos segundos las ideas e imágenes suficientes para llenar un libro o hacer una película. Alcanzado mediante estados mentales creativos, esta parte de tu cerebro deja fluir las ideas como si estuvieras soñando a todo color y con sonido digital, percibiendo los olores y... experimentando la imaginería tridimensional y con aportaciones de todos tus sentidos. Pero tan pronto como te sientes a construir este sueño hecho de palabras, pintura o mármol, debes hacerlo paso a paso, del pasado al presente y al futuro, avanzando por la página... sin la inmediatez, la orquestación completa ni el sonido envolvente de tu concepto creativo original y sin censurar. Intentar reunir toda la emoción y toda la experiencia de una idea creativa espontánea en una forma lineal es una de las principales causas del bloqueo creativo y de la procrastinación. Por eso es importante saber cómo utilizar más parte del cerebro y cómo entrar en el estado de fluidez.

Solo es tu primer borrador

El placer de la creatividad es el mayor placer del mundo.

Sammy Kahn, compositor y
ganador de un Oscar

La necesidad de suspender temporalmente la crítica y el pensamiento lineal al inicio de un proyecto resulta evidente en la mayoría de los terrenos, pero especialmente en arquitectura, arte y literatura. Cuando se trata de actividades que descansan en buena medida en la creatividad, los primeros esbozos de un proyecto deben protegerse de la comparación demasiado crítica con el objetivo final ideal.

Los primeros borradores y bocetos de los grandes escritores y artistas reflejan el mismo proceso creativo no lineal, aparentemente desorganizado, que todos experimentamos cuando iniciamos un proyecto nuevo. Sus aportaciones iniciales, como las nuestras, requieren un pulido y una reordenación progresivos antes de que la obra alcance su forma final. Observando cómo los genios se pelean con las primeras versiones de sus obras, podemos acelerar nuestro progreso por los torpes primeros pasos de superar la procrastinación y los bloqueos en nuestro trabajo.

Los estudiantes que ingresan en Harvard, por ejemplo, son conducidos a una parte especial de la biblioteca donde se conservan los primeros borradores de autores célebres. Este ejercicio tiene un fuerte impacto sobre los jóvenes escritores que antes creían que la obra de los genios llegó completa y encuadernada en piel con un solo gesto de inspiración. Aquí, los alumnos de primero pueden examinar cómo un escritor de éxito a menudo empezó volcando una serie de ideas al azar centradas alrededor de un tema; muchas de estas ideas luego resultaron superfluas para el diseño final, pero fueron esenciales en el *proceso* de desarrollo de un nuevo concepto, es decir, los esbozos iniciales no se descartan como si fueran errores, sino que se consideran pasos iniciales del desarrollo de una nueva idea. El orden lineal de las ideas viene más tarde, como segundo proceso, para comunicar la experiencia original en una secuencia que puede ser apreciada por el lector. En el borrador inicial, la última parte acabada se convierte a menudo en la introducción de la versión final y los conceptos iniciales del esquema se convierten en la conclusión.

Aprender a centrar la atención

Hacer el siguiente ejercicio de concentración cada vez que te pones a trabajar en tu proyecto te puede ayudar a poner en marcha un proceso creativo que evolucionará fácilmente hacia el producto acabado mientras desarrollas hábitos de trabajo positivos. Permitirte unos momentos para entrar en un estado mental creativo y carente de crítica resulta esencial para optimizar el rendimiento y desaprender los hábitos de la procrastinación.

Sea cual sea tu estado, en dos minutos te sentirás concentrado, curioso, motivado y creativo. Y, lo más importante, te habrás puesto en marcha... y estarás de camino al final.

Centrarse es un proceso de dos minutos para pasar rápidamente al estado de fluidez, reemplazando los sentimientos de culpabilidad y de estrés por una concentración libre de estrés en el presente. La relajación y la visualización propias de este ejercicio de concentración están dirigidas a potenciar tu rendimiento en el trabajo y tu capacidad de superar la procrastinación, creando patrones neuronales positivos para reemplazar los patrones de los hábitos negativos. Aunque un par de minutos puede parecer un período demasiado breve para un «paso dinámico y milagroso», en mi experiencia con miles de pacientes, las personas con cierta formación en técnicas de meditación y de relajación no necesita nada más.

En su libro *Seven Steps to Peak Performance*, el doctor Richard M. Suinn afirma que una relajación profunda potencia de manera mensurable el entrenamiento neuromuscular de los atletas olímpicos que utilizan la visualización mental para lograr sus metas. Si las técnicas de relajación son nuevas para ti, obtendrás más de este proceso de dos minutos después de experimentar la relajación profunda mediante un ejercicio más largo, como el de la página 191. Ya seas novato o experto, la práctica periódica (por ejemplo, semanal) de ejercicios de relajación de veinte minutos resultan beneficiosa para recordarte las sensaciones positivas y la actitud mental que te aportan los períodos de relajación más largos y profundos.

A las dos semanas de practicar diariamente el ejercicio de concentración serás capaz de lograr un nivel adecuado de concentración, y la mayoría de los beneficios de un ejercicio de entre veinte y treinta minutos, en solo dos minutos.

El ejercicio de centrar la atención es expresamente corto para que pueda ser utilizado a lo largo del día y se acomode con facilidad a tu atareada agenda, en lugar de precisar un tiempo aparte para su práctica. Puedes utilizarlo como preparación para hacer una llamada a un cliente difícil, entre reuniones y presentaciones, para tranquilizarte después de un enfrentamiento molesto y hasta antes y después de utilizar el transporte público.

Puedes grabarte el ejercicio y ponértelo hasta que te lo sepas de memoria: aprenderás a asociar el hecho de sentarte a tu mesa de trabajo con hacer el ejercicio automáticamente. Utilízalo cada vez que te pongas a trabajar y eliminará rápidamente la presión y las preocupaciones que te agobian para entrar en el estado de fluidez. Este ejercicio es también un buen ejemplo del diálogo interior tranquilizador y centrado en el presente de las personas productivas.

Ejercicio para centrar la atención

Empieza sentándote en la silla con los pies apoyados en el suelo y las manos en los muslos. Centra la atención en tu respiración. Si has estado estresado, tal vez notes que es fatigosa. Respira profundamente, aguantando el aire unos instantes, y luego exhala poco a poco hasta vaciar tus pulmones. Hazlo tres veces, contando cada vez que exhalas. Con cada exhalación, imagina que estás soltando cualquier resto de tensión y que decides alcanzar un nivel mental distinto.

Ahora centra la atención en la sensación de la silla contra la espalda, los glúteos y las piernas. Déjate flotar en la silla; deja que te sostenga a medida que relajas cualquier tensión muscular innecesaria. Ahora puedes dejar de lado estos músculos. Centra ahora tu atención en la sensación de los pies sobre el suelo; ahora, suelta estos músculos. A medida que los relajas, sigue exhalando cualquier tensión restante. Sencillamente, déjate ir y permite que tu cuerpo te ofrezca el regalo de la relajación y el apoyo.

En los instantes siguientes tu mente consciente no tiene mucho que hacer, excepto mostrarse curiosa y permitir a tu subconsciente que dé a tu cuerpo una relajación más y más profunda con cada frase.

Ahora date cuenta de cómo te pesan los párpados. Y, a medida que los notas cada vez más pesados, déjalos flotar suavemente cerrados sobre los ojos. O puedes intentar mantenerlos abiertos y darte cuenta de que has de esforzarte tanto que es mucho más cómodo dejarlos flotar a su aire. A medida que tus ojos se cierran, deja que la relajación invada todo tu cuerpo.

Soltar el pasado. Con tus tres respiraciones lentas y profundas siguientes, oblígate a soltar todos los pensamientos e imágenes sobre el trabajo del pasado. Distánciate de lo que acabas de hacer (conducir en medio de un tráfico infernal, una llamada telefónica, ordenar la casa...). Abandona tus pensamientos sobre lo que te has estado diciendo que deberías o no deberías haber hecho. Tal vez incluso quieras distanciarte de la imagen que tenías de ti mismo (tu antiguo sentido de la identidad y las limitaciones que imponía a tu potencial). Coge aire, aguántalo y exhala totalmente, liberando la mente y el cuerpo del pasado.

Soltar el futuro. Y con tus tres próximas respiraciones lentas y profundas, suelta lo que prevés que pasará en el futuro (un concepto construido de un tiempo que, en realidad, no existe). Suelta todos tus pensamientos e imágenes de trabajo y fechas de entrega futuras. Eso liberará más energía para centrarte en el presente. Coge aire, aguántalo y exhala totalmente, liberando la mente y el cuerpo del futuro.

Centrarse en el presente. Con tus tres respiraciones siguientes, advierte —solo advierte— que en realidad no hace falta tanta energía para simplemente «estar» en el presente. Olvídate de intentar trasladarte a cualquier momento en particular, y olvídate de luchar por ser de cualquier manera en especial. Simplemente, siente las sensaciones de estar donde estás ahora. Elige estar en esta situación, dejando que la sabiduría de tu cuerpo y de tu mente te den el nivel adecuado de energía y relajación para estar aquí, haciendo cualquier cosa que elijas hacer en este momento. Inhala, aguanta la respiración y exhala totalmente, flotando hacia el momento presente.

Puede que ahora te encuentres a un nivel más profundo de relajación en el que puedas concederte cualquier sugerencia positiva que desees. Con tus tres siguientes respiraciones lentas y profundas podrás empezar a asociar el poder de los hemisferios derecho e izquierdo de tu cerebro, alcanzando el estado de fluidez bajo tu control consciente.

Después de tomarte un minuto para completar la primera parte en doce respiraciones, utiliza cualquiera de las tres conclusiones siguientes para completar tu concentración en un tema concreto.

Para superar la procrastinación y estimular el interés por empezar a trabajar, cuenta hasta tres mientras te dices:

> Con cada respiración adquiero más atención, curiosidad e interés. Iré más allá de la inquietud y la preocupación para empezar con determinación y compromiso en unos pocos segundos: 1) estar cada vez más alerta y listo para empezar mientras recurro a la sabiduría interior de mi mente y a muchas soluciones alternativas; 2) alcanzar el pleno estado de alerta, operando al nivel de un genio con el apoyo de todo mi cerebro y mi facultad creativa, listo y ansioso por empezar; 3)...

El siguiente ejemplo del ejercicio de concentración resulta útil cuando te sientes atrapado y frustrado debido a las limitadas capacidades de tus intentos de solución lineales y conscientes. Esta conclusión se encamina a que te sientas más cómodo con tu confusión inicial y tu falta de seguridad. Utilízalo para proceder rápidamente más allá de la autocrítica, hacia las sugerencias positivas por cumplir tu tarea y un gran interés en tu propia y creativa manera de solucionar los problemas.

> Con cada respiración recurro a mi yo creativo, abriendo cada vez más mi poder cerebral a mi actividad. Mi mente consciente puede que todavía no sepa qué hacer, igual que no sabe tampoco el aspecto que tendrá un rompecabezas hasta que esté hecho. Puede que no sepa cómo resolveré esto, pero pronto se me ocurrirá algo, y luego algo más. Y encontraré el proceso muy interesante, porque, aunque todavía no sé cuál será la solución, sí sé que lo haré y esa parte de mí ya sabe cómo hacerlo. También será interesante ver cómo, en este nivel mental, el tiempo se percibe de manera distinta y preguntarse cuánto soy capaz de hacer en un período tan breve de tiempo cronometrado.

Al contar de 1 a 3 me pongo en alerta más silenciosamente y ahora estoy listo para trabajar de una manera atenta y concentrada, pasando rápidamente de no saber a saber cómo empezar: 1) más alerta, relajado y enérgico, listo para usar la energía superior de mi subconsciente; 2) listo para alcanzar el estado de alerta total con los ojos abiertos, ansioso por trabajar en conjunción con las facultades creativas de mi mente; 3)...

Si has procrastinado por miedo a enfrentarte a tu jefe, tu empleado o tu pareja, la siguiente versión del ejercicio te resultará útil para desencallarte de los patrones negativos de la interacción social. Utilízalo para establecer tu propia seguridad y protección, de modo que no haya nada que te acabes tomando de manera demasiado personal. Luego date tiempo para valorar los resultados que deseas conseguir y las respuestas alternativas que te llevarán hasta allí. Y, finalmente, visualiza un resultado positivo: que en lugar de enfrentaros como enemigos, tú y esta otra persona podáis convertiros en valiosos aliados.

Creo la sensación de un halo cálido y dorado a mi alrededor, un ambiente que me protege de cualquier actitud o palabra ajenas que me puedan distraer, e incluso de cualquier pensamiento negativo propio. Tengo todo el tiempo del mundo para valorar pensamientos o comentarios o para dejarlos de lado y volver a centrarme en actitudes positivas y en mis objetivos elegidos. Mis pensamientos y acciones transmiten a los demás que soy su aliado, no su enemigo ni su problema. Los demás solo pueden ayudarme. Cada vez soy más fuerte en mi mundo, y puedo mostrarme amistoso y generoso al tiempo que uso mis recursos internos para enfrentarme a cada reto y oportunidad.

Al contar de 1 a 3 regreso al estado normal de vigilancia, llevando mi propio envoltorio de luz dorada seguro, cálido y de apoyo: 1) estar cada vez más tranquila y silenciosamente alerta; 2) listo para abrir los ojos y participar totalmente en un ambiente seguro y de apoyo; 3)...

Ejercicio de relajación

Este ejercicio se puede utilizar a diario para practicar un lenguaje con el que tu cuerpo será capaz de colaborar para aportar relajación y quietud mental. El ejercicio lleva entre doce y quince minutos y es una buena preparación para el ejercicio de concentración de uno o dos minutos.

Este ejercicio se orienta al calentamiento de las manos, es decir, podrás dilatar tus vasos sanguíneos y los diminutos capilares de tus manos y dedos. No puedes lograrlo simplemente ordenando que suceda del mismo modo en que consigues que tu mano se abra; solo puedes hacerlo relajando el control del sistema nervioso central y permitiendo que colabore tu sistema nervioso autónomo.

Éste es *tu* ejercicio: *tú* estás siempre *al mando*. Si deseas abrir los ojos o cambiar de postura, puedes hacerlo. No hay una manera buena o mala de alcanzar la relajación, simplemente es *tu* manera, al ritmo y a la profundidad que sean adecuados para ti.

Puedes empezar sentándote con los pies en el suelo y las manos en el regazo. Deja que tus párpados se deslicen suavemente, cerrándose sobre los ojos al tiempo que diriges tu atención hacia dentro, hacia tu respiración. Ahora respira profundamente, aguanta el aire un momento, y luego exhala poco a poco hasta vaciar tus pulmones. Hazlo tres veces, dejando que la exhalación sea una señal de que estás liberando cualquier resto de tensión. Ahora puedes notar la silla y dejar que te sostenga, hundiéndote en ella, sin necesidad de aguantarte. Puedes relajar esta musculatura; ahora fíjate en cómo el suelo sostiene tus pies y tus piernas y suelta estos músculos. No necesitas aguantarte, tan solo déjate ir y permite que tu cuerpo te aporte el don de la relajación y el apoyo adecuado. Ahora ya no te queda nada más que hacer, excepto dejar que tu mente consciente se muestre curiosa y contemplar cómo tu cuerpo y tu subconsciente colaboran con el proceso de darte una relajación más y más profunda con cada frase

Diré todas las frases en primera persona y puedes repetirlas silenciosamente de la misma manera. Por ejemplo: «Estoy sentado inmóvil». A medida que repites cada frase, solo imagina, visualiza y siente el cambio que ocurre. Y, simplemente, permite que ocurra, dejando que tu cuerpo cumpla las instrucciones que le has dado. Eso se llama «voluntad pasiva»: imaginando, visualizando y sintiendo la indicación dada en cada frase, afirmas tu voluntad en un lenguaje que tu cuerpo puede entender. Estás aprendiendo a dar instrucciones de manera pasiva, sin usar la fuerza y sin intentar que ocurra nada.

Dejas tranquilamente que el cambio ocurra, utilizando la tendencia natural de tu cuerpo a cooperar con tu liderazgo. Y ahora te puedes poner cómodo y prepararte para seguir, respirando profunda y lentamente, repitiéndote con mucha calma:

> Me siento tranquilo. Empiezo a sentirme bastante relajado: tengo los pies tranquilos y relajados; siento los tobillos, las rodillas y las caderas ligeros, tranquilos y cómodos. Siento el estómago y todo el centro de mi cuerpo ligero, tranquilo y cómodo.
>
> Todo mi cuerpo está ligero, tranquilo y cómodo. Me siento relajado. Tengo los brazos y las manos relajados y calientes. Me siento muy tranquilo. Todo mi cuerpo está en calma y tengo las manos calientes. Siento las manos calientes. Poco a

poco se calientan cada vez más. Puedo seguir respirando profunda y lentamente.

Todo mi cuerpo está ligero, tranquilo y cómodo. Mi mente está tranquila. Me alejo de mi entorno y me siento sereno y quieto. Mis pensamientos se vuelven hacia adentro. Me siento cómodo. Dentro de mí, me visualizo y me siento en calma, cómodo y tranquilo. De una manera fácil, tranquila y hacia mi interior, estoy serenamente alerta. Tengo la mente llena de calma y tranquilidad. Siento la calma interior.

Seguiré con estos pensamientos durante dos minutos más y luego abriré los ojos con suavidad, sintiéndome bien, relajado y tranquilamente alerta. La próxima vez que hable habrán pasado dos minutos de reloj, y será interesante sentir lo profundamente relajado que puedo llegarme a sentir en un período que suele ser tan breve.

(Deja que pasen dos minutos.)

¿Te ha parecido que pasaban dos minutos? ¿Te sientes como si te despertaras de una agradable siesta? ¿Quieres estirarte y descubrir si sientes las manos más calientes y relajadas?

Ahora haz tres respiraciones lentas y profundas, y con cada una ponte en alerta con mayor tranquilidad, adecuadamente alerta, listo para comenzar a trabajar en un proyecto de una manera muy relajada y concentrada.

Incorporar estados de fluidez a tu programa

Trabajar en estado de fluidez o «en la zona» elimina la necesidad emocional de procrastinar y acelera tu progreso hacia tus metas. El estado de fluidez te ofrece un puente mágico que te lleva de la ansiedad a la tranquilidad y la seguridad, enseñándote a pasar rápidamente de las funciones de supervivencia de tu cerebro a sus funciones creativas. Ya sabes cómo hablarte a ti mismo con mensajes de confianza e instrucciones que evoquen el nivel correcto de energía para trabajar. Sabes cómo darte indicaciones claras y decididas del tipo «Estaré en mi despacho a las tres en punto durante treinta minutos de calidad, con gran curiosidad e interés», «Elijo ponerme en marcha a las ocho en punto escribiendo otra carta», «A las diez encontraré un archivo y me quedaré resolviéndolo durante al menos quince minutos» o «Puedo empezar una pequeña parte del presupuesto hacia las once y media y luego tomar un buen almuerzo».

Estas afirmaciones combinan los tres elementos que caracterizan el trabajo efectivo (cuándo, dónde y por qué parte empezarás) e implican *elección*, *confianza* y *puesta en marcha*.

El cuarto paso necesario para completar el proceso y aprovechar el poder de trabajar en estado de fluidez es el que describimos antes en este mismo capítulo: *centrarse*.

Jacob, un padre y marido entregado con tendencia a la adicción al trabajo, estaba preocupado por si sería capaz de mantener a su familia. A los cuarenta años había cambiado a una profesión que lo sacaba de su zona de confort, basada en el trabajo manual, y lo llevaba a una actividad de supervisión, gestión y contacto con los clientes. Había trabajado de carpintero durante quince años y ahora acababa de pasarse al negocio de la contratación, donde había empezado a tener problemas con las causas principales de la procrastinación: sensación de agobio, temor al fracaso y miedo al éxito.

Conseguir clientes no le resultaba difícil: su compromiso con la excelencia resultaba evidente y su trabajo se vendía solo, pero Jacob tenía problemas con el seguimiento de sus encargos. Su perfeccionismo le había merecido la fama de hacer un trabajo excelente, pero sus clientes le imponían a menudo fechas de entrega que no le permitían esa perfección, así que a Jacob lo empezaba a superar su propio éxito. Tenía problemas para decidir qué encargos aceptar, cuáles rechazar y cuáles debía poner en marcha de inmediato. Como reacción a todos estos agravantes y a su sensación de agobio, Jacob empezó a evitar los mensajes telefónicos y a posponer las respuestas a las peticiones de sus clientes y de sus empleados.

Entre los temas que provocaron que Jacob se volviera indeciso y empezara a procrastinar estaban: 1) el temor a extenderse demasiado; 2) no saber cómo reaccionar ante las quejas de los clientes; 3) la gestión de las llamadas telefónicas; 4) los problemas en el local donde trabajaba; 5) los incrementos de los costes de la materia prima; 6) la preocupación por acabar a tiempo; 7) los problemas de liquidez, y 8) el ocuparse de los contratos y de la burocracia.

Su formación no lo había preparado para el éxito. Era el mayor de cinco hermanos y había visto a sus padres trabajar toda la vida sin superar nunca su situación de endeudamiento y problemas económicos. Su padre murió de un infarto cuando le faltaba un año para jubilarse. La lección de las vidas de sus padres no se le había olvidado. Él había tenido una vida mucho más segura que la que ellos nunca llegaron a conocer, pero, en cambio, vivía atrapado en una preocupación compulsiva por la seguridad económica parecida, además de inquietarse por su salud. Ahora que era su propio jefe no tenía tiempo para ponerse enfermo y, debido a su hipertensión y a su historial familiar, no podía permitirse mucho estrés.

Cuando Jacob y yo empezamos a trabajar juntos, me pareció el candidato ideal para el pensamiento tridimensional y el ocio sin culpa: «Me resulta imposible hacerlo todo», me dijo. Y se quedó algo sorprendido cuando me oyó responder: «Es cierto, no puedes hacerlo todo. Nadie podría hacerlo *todo de golpe*. Solo puedes dedicarte a una actividad y un paso cada vez. Eso es todo. ¿Por cuál de ellas te parece más lógico empezar esta tarde? ¿A qué hora eliges ponerte a hacerlo esta tarde? ¿En qué pequeño aspecto? ¿Durante cuánto tiempo?».

Una vez que logré que Jacob se centrara y controlase su sensación de agobio, necesitábamos establecer un firme compromiso con ciertos oasis de recuperación sin culpa y sin estrés en su atareada semana. Jacob percibió rápidamente la importancia de las herramientas del programa de *Hazlo ahora* y de cómo aplicarlas. La no agenda lo ayudó a evitar quemarse y a desarrollar resistencia porque le aseguraba contar con tiempo para dedicarlo a su familia y la ausencia de preocupación por el trabajo; el trabajo de preocupación lo preparaba para los problemas potenciales y lo liberaba de estar crónicamente sopesando los «y si...»; además, el discurso interior de elegir y crear seguridad dirigía sus pensamientos hacia lo que *él* elegía hacer y lo liberaba de la ansiedad provocada por las amenazas y la autocrítica.

Jacob aprendió a contrarrestar la ansiedad por las decisiones importantes y la tendencia a huir de los problemas preguntándose por cosas que dirigían la atención hacia lo que podía hacer: «¿Cuándo puedo empezar?», «¿Dónde elijo trabajar?» y «¿Por qué parte del trabajo empezaré?».

Estas técnicas ayudaron con los procesos mentales, pero Jacob necesitaba *sentirse* tranquilo en medio de tantas presiones y tantos riesgos. Necesitaba trabajar en estado de fluidez para alcanzar un estado mental y una calma física que le facilitaran la aplicación de sus nuevas herramientas. Cuando Jacob aprendió el ejercicio de centrar la atención, el programa entero empezó a adquirir un sentido real para él. Se convirtió en algo más que un concepto mental y una disciplina.

«Ahora me veo utilizando el ejercicio de centrar la atención y poniéndome a trabajar en el estado de fluidez. En un par de minutos estoy en un estado especial, trabajando sin estrés. Aprovechando una perspectiva más amplia, usando más partes de mi cerebro, recordando mi confianza, mi capacidad y mi focalización en dar un paso más.»

El ejercicio de centrar la atención le aportaba a Jacob unas pausas de respiración de dos minutos que le permitían relajarse y evaluar los retos que tenía por delante, le permitían ahuyentar los miedos, recordarse que no tenía por qué hacerlo todo de golpe y tener en cuenta las alternativas. Concentrarse dirigía los pensamientos de Jacob hacia pasos productivos que podía dar y le creaba refugios de trabajo de calidad a lo largo de su día. Asociando estas sesiones tranquilizadoras de dos minutos a períodos de trabajo de calidad, Jacob era capaz de controlar su ansiedad, enfrentarse con rapidez a las actividades desagradables y trabajar cómodamente durante varias horas seguidas en estado de fluidez. Cambió su percepción del tiempo, su energía era ahora tranquila y bien dirigida, sus soluciones eran más creativas y su concentración mejoró.

Trabajar en estado de fluidez complementará tus otras herramientas del programa de *Hazlo ahora* y eliminará la mayor parte, si no todos, de los hábitos negativos que antes te hacían procrastinar. Los sustituirá por actitudes y hábitos de trabajo positivos que convierten el trabajo en una oportunidad de logros estimulantes, bien orientados y creativos.

8

Afinar tu progreso

Las grandes obras no se hacen a base de fuerza, sino de perseverancia.

SAMUEL JOHNSON

Este capítulo presenta una serie de técnicas para superar los reveses y obstáculos en tu progreso de procrastinador a productivo. Cualquier programa de cambio de hábitos, si ha de seguir funcionando a lo largo del tiempo, debe ir afinándose y adaptándose a ti. Ha de prepararte para enfrentarte a los reveses y darte las herramientas para convertirlos rápidamente en *oportunidades* que te hagan avanzar en tu progreso. Todos nos enfrentamos a momentos difíciles en los que tenemos más tendencia a adoptar la procrastinación como una suerte de muleta. En estos períodos, debemos intentar no criticarnos a nosotros mismos y perseverar en usar las nuevas herramientas para reorientar los impulsos negativos hacia una dirección que refuerce nuestros nuevos hábitos saludables.

Reveses planeados

Completar la transformación de un patrón de vieja costumbre en una actitud más productiva requiere probar las alas en situaciones que antes resultaban difíciles o tentadoras. Por ejemplo, tal vez seas responsable de un proyecto importante que te ha estado agobiando mucho. De pronto te encuentras utilizando una serie de patrones de huida, como alargar la investigación, darte más tiempo para hacer llamadas o descubrir diez otras cosas que requieren tu atención inmediata. Darte cuenta de que estás volviendo a tus antiguos hábitos resultará útil, pero para reorientar esta energía con eficacia hacia construir un nuevo hábito de productividad, necesitarás una estrategia y unas técnicas que puedas utilizar rápidamente.

No hace falta eliminar por completo tus viejos patrones, ni renunciar a tu antigua identidad para adoptar una nueva actitud. De hecho, puedes recurrir a patrones conocidos para alertarte de la oportunidad de ejercer las opciones a tu alcance. Ahora conoces otras maneras alternativas de actuar. Para reforzar tu capacidad de cambiar con mayor rapidez y seguridad, hasta puedes querer *planear un revés controlado.*

Utiliza los reveses planeados para ensayar tus reacciones. Obsérvate con atención y registra mentalmente los pensamientos y los miedos que te obligan a recurrir a la procrastinación. No te cortes y utiliza tu método preferido de procrastinación, con plena consciencia de que ahora posees las herramientas para controlar el miedo al trabajo y para potenciar tu sentido del logro cuando te pones en marcha. Por ejemplo, cuando te enfrentas a un proyecto importante, puedes elegir procrastinar haciendo más trabajo de fondo. O puedes postergar conscientemente la toma de una decisión sobre una compra importante dejando que te agobien los innumerables pasos requeridos para hacer una elección perfecta y que no puedas lamentar.

Para ponerte a prueba con un revés planeado:

- Elige una actividad en la que tengas tendencia a procrastinar (pagar facturas, devolver cartas, hacer reparaciones del hogar, ponerte a hacer la declaración de renta, etcétera).
- Advierte las señales de alarma de procrastinación asociadas a esta actividad (por ejemplo, agobiarte por los pasos que implican el pago de facturas o la declaración de renta; la sensación de que la vida se ha convertido en una larga lista de deberes; sentirte apartado y privado de la compañía de tus amigos porque tienes que trabajar, etcétera).
- Elige conscientemente procrastinar durante unas horas para observar el discurso interior que te lleva a sentirte culpable y autocrítico: «¿Qué es lo que me falla? ¿Por qué no soy capaz de acabar nada? ¿Voy a pasarme la vida retrasándolo todo? Si ni siquiera soy capaz de pagar las facturas o responder al correo, debo de ser un auténtico desastre».
- Date cuenta de cómo este proceso de autocrítica te lleva a sentirte culpable, deprimido y resentido, a la vez que te impide pagar una sola factura, pegar un sello en el sobre o encontrar ni un archivo para la declaración de renta.

Tu revés planeado te hará identificar cuándo eres más proclive a procrastinar. Ahora sabes adónde te llevan tus antiguos hábitos. Tu conocimiento de la culpabilidad, la frustración y la insatisfacción que resultan de tu viejo patrón te puede motivar para aplicar tus nuevas premisas de ocio sin culpa, no agenda y trabajo en estado de fluidez.

Utiliza tu revés planeado como repetición instantánea de la jugada, observando tus pensamientos como desde la distancia a medida que «conectas» la técnica correctora de *Hazlo ahora* cada vez que detectes un síntoma de pensamiento y acción contraproducentes.

- Advierte cómo las afirmaciones desafiadoras de la gente productiva («No tengo por qué hacerlo. *Elegiré empezar* ahora o aceptaré las consecuencias de elegir postergarlo») conducen a sentimientos de poder —poder de elección y firmeza contra la presión— y a centrarte en lo que puedes hacer en partes manejables.
- Utiliza la no agenda para poner en práctica estas estrategias creando una imagen realista del tiempo semanal disponible, del ocio sin culpa asegurado, de las gratificaciones por los períodos de tiempo factibles de trabajo de calidad, además de un sistema para construir todo lo que estás consiguiendo.
- Utiliza el ejercicio de centrar la atención para ayudarte a hacer rápida y eficientemente la transición desde agobiado a centrado, accediendo a tu yo más profundo y creativo, tomándote el tiempo necesario para recordar las sugerencias y visualizaciones positivas, y centrándote en el presente con elección, motivación e interés.

Resistencia y fortaleza

Quiero asegurarme de que una vez te pongas en marcha por el camino hacia tu transformación en un ser productivo, no te desanimarás por la aparición de un problema repentino. Los «reveses planeados» te permiten adquirir resistencia (la capacidad de recuperarte) y fortaleza (la capacidad de soportar y evitar las dificultades) en el inicio, a medio camino y al completar tus proyectos.

Resistencia

La gente que se considera fracasada ha fracasado una vez y permanece encallada en el fracaso. Antes de iniciar un proyecto, un «fracasado» quiere garantías de que todo saldrá perfectamente, sin ningún problema. Una persona triunfadora está dispuesta a asumir riesgos razonables, sabiendo que no hay ninguna garantía, excepto la de la ley de Murphy, según la cual «si algo puede fallar, fallará». Los triunfadores se equivocan varias veces y se recuperan, negándose a dejar que un fracaso defina su valía. A pesar de las dificultades y los fracasos a los que se enfrentan a lo largo de la vida, la gente de éxito aprende a resistir y sale adelante. Ha desarrollado una serie de redes de seguridad bajo su cuerda floja que les hace saber que «un error no será el fin del mundo porque no dejaré que lo sea. Me levantaré y lo volveré a intentar, por mucha vergüenza o dolor que sienta».

Cada vez que intentas algo nuevo y te comprometes a una manera de proceder, puedes esperar cierto grado de dificultades. La posibilidad de reveses no es excusa para procrastinar: los reveses no son un motivo más para preocuparse por el fracaso, y desde luego no son indicadores de tu valía como persona. Cada camino, cada función y cada trabajo que hagas en la vida tendrán sus dificultades: no hay caminos perfectos. El mero hecho de que encuentres más trabajo y problemas de los que anticipabas en tu camino no significa que hayas elegido mal ni tampoco que te hayas equivocado.

Recuerda evitar la autocrítica por los reveses u obstáculos que aparecen en mitad de tu proyecto. Tal y como dice el consultor de gestión Michael Durst, «puede que no seas el responsable de provocar lo que te ha ocurrido, pero sí eres el responsable de lo que haces luego para corregirlo». Este mensaje contundente contiene un concepto crucial que a mucha gente se le escapa: no te preocupes por la causa inicial del problema para luego poder dirigir tus energías al punto en que te pueden resultar más útiles, es decir, la solución de tu problema.

La capacidad de corregir rápidamente un error conlleva asumir la responsabilidad de su solución, pero primero debes distanciarte de lo que yo llamo el «¡Jo! ¿Y por qué?»: «¿Por qué me ha tenido que pasar a mí? ¿Por qué me tocan siempre a mí los trabajos difíciles? ¿Por qué no puedo aprender a hacer las cosas bien? ¿Por qué tengo que aguantar a tantos cretinos?». Es una manera distinta de los clásicos «debería» y «no debería» que hace que pospongas el reconocer la realidad de tu situación (por muy desagradable que sea) para corregirla, atenuar las dificultades y evitarla en el futuro.

En su libro *Rendimiento máximo*, Charles Garfield cuenta que la trayectoria del cohete lunar *Apolo* estuvo fuera de ruta el 90 por ciento del tiempo. Reconociendo las desviaciones del trayecto esperado, los científicos pudieron aplicar repetidamente las correcciones necesarias y lograr una trayectoria hasta la Luna imperfecta pero adecuada. Y lograron un paso de gigante perseverando en la misión a pesar de los numerosos reveses.

Lo que diferencia a un campeón del resto de personas de capacidad comparable es la técnica aprendida de recuperarse de las actuaciones decepcionantes. Ser un campeón —un productor perseverante— requiere saberse perdonar los errores y las rachas perdedoras al tiempo que se conserva la confianza en la valía interior y la seguridad necesarias para resolver los problemas y perseguir las metas.

Perseverar en la misión mientras te ajustas a las respuestas negativas es una técnica esencial del repertorio del corredor de fondo. Cuando Henry Ford II despidió a Lee Iacocca, por ejemplo, este golpe devastador podría haber hecho aceptar la jubilación a una persona con menor determinación. En cambio, Iacocca se negó a hundirse. Le dio la espalda a la frustración y eligió enfrentarse a los enormes problemas económicos y de gestión que asolaban Chrysler. Eligió asumir riesgos y solucionar problemas en lugar de preocuparse por el posible fracaso y por las críticas. Iacocca no nació con esta fuerza: la aprendió a base de pruebas y errores, recuperándose una y otra vez de las equivocaciones y volviéndolo a intentar.

Después de mucho trabajo para superar sus anteriores hábitos de procrastinación, Sarah, una química que trabajaba en una empresa de ingeniería genética, desarrolló un estilo relajado y creativo de trabajar y en su nuevo puesto le iba bien. Estaba contenta con la mayoría de los aspectos del trabajo, pero no se había preparado para la política, el sexismo y los favoritismos que se practicaban por parte de la dirección. Empezó a sentir que su capacidad no era lo bastante apreciada y que su trabajo requería salvar ciertos obstáculos para demostrar su valía.

El progreso que estaba consiguiendo adaptándose a su nuevo trabajo y controlando la procrastinación fue interrumpido cuando su jefe criticó su trabajo de manera inesperada y severa. Le dijo algo incorrecto en el momento incorrecto, y eso resucitó en Sarah sus temores y resentimientos más antiguos: «¿Soy lo bastante buena? ¿Puedo hacer bien este trabajo? Nada le gustará, así que ¿por qué esforzarme?». Las condiciones estaban maduras para volver al antiguo círculo de resentimiento, resistencia, miedo y perfeccionismo que conduce a la procrastinación.

Anticipando más críticas e injusticias, Sarah empezó a retener sus conocimientos y creatividad en sus proyectos y a retrasar su trabajo, mientras se iba preparando para recibir más críticas e injusticia. Había vuelto a apoyarse en su antigua muleta, la procrastinación, pero ahora era capaz de reconocer las causas subyacentes y le dio la vuelta rápidamente. Esta vez se sentía más al mando de sus reacciones. Sabía que tenía varias técnicas que le habían funcionado en situaciones menos graves.

Se dio cuenta de que se había estado criticando por no haber anticipado los reveses en su nuevo trabajo y por haber pensado que éste era *el* trabajo ideal. Tenía que perdonarse a sí misma por no haber conocido los inconvenientes de antemano. Pero en lugar de desesperarse por haber elegido un trabajo equivocado, ahora Sarah podía ver las dificultades de su trabajo como una señal de que sus expectativas deberían ser reajustadas para que ella pudiera adaptarse mejor a la realidad de la situación.

Una vez hubo sopesado los pros y los contras, Sarah decidió darse un plazo de seis meses en el que haría sus mejores esfuerzos. Volvió a comprometerse con el trabajo y asumió la plena responsabilidad de sus proyectos. También decidió que no iba a procrastinar con las confrontaciones personales. Le dijo a su jefe: «Acepté este trabajo de buena fe y porque tenía la sensación de que podía aportar algo a la empresa. En el poco tiempo que llevo aquí no me han dado la oportunidad de demostrar lo que puedo hacer. Me gustaría contar con su colaboración y que me diera el tiempo y la autoridad para desarrollar mi trabajo y para ser juzgada por mis esfuerzos. Si dentro de seis meses vemos que no coincidimos sobre lo que soy capaz de hacer, me marcharé de mutuo acuerdo».

El jefe se quedó impresionado, pero tal vez lo más importante es que Sarah había dejado atrás su acumulación de resentimiento y procrastinación. En lugar de volver a una vieja actitud por un simple revés, aplicó sus nuevas técnicas y estrategias. Se puso al mando de la situación y se negó a adoptar el papel de víctima. Se enfrentó directamente al problema de la injusticia de su jefe y de su propia procrastinación, usando este revés como una oportunidad para ser resistente y recuperarse, incluso cuando los obstáculos habían sido colocados por otros.

Fortaleza

Suzanne Kobassa, profesora de la Universidad de la Ciudad de Nueva York, ha identificado lo que llama «fortaleza», una constelación de tres características personales: compromiso, control y desafío. Los ejecutivos que poseen estas tres características han demostrado repetidamente que soportan mejor el estrés y son más resistentes a las enfermedades que sus colegas que no las poseen.

Los individuos «fuertes», en lugar de sentirse distanciados de su trabajo, impotentes ante los acontecimientos o amenazados por los cambios, tienden a «comprometerse fácilmente con lo que hacen», «creen que al menos pueden lograr un control parcial de los acontecimientos» y «consideran el cambio como un desafío normal de la evolución». Los ejecutivos fuertes tienen un plan global de vida, tienen objetivos flexibles y tienen la capacidad de *convertir las situaciones estresantes en oportunidades* que mitigan los trastornos provocados por cualquier circunstancia estresante individual.

Para dar fortaleza a la manera en que te enfrentas a los proyectos laborales, puedes practicar las actitudes de compromiso, control y desafío en actividades de ocio como el ejercicio. Como le sucedió a Laura, cuya experiencia en la maratón le ayudó a descubrir una manera de completar su investigación, puedes utilizar el deporte como un territorio seguro para ensayar la adquisición de hábitos de fortaleza.

Puedes practicar caminar (o correr) la distancia propuesta, pongamos tres kilómetros o cuarenta y cinco minutos. Una vez alcanzada tu meta, anda medio kilómetro adicional. Hazlo lentamente, sin decirte nada sobre lo difícil que es acabar. Fíjate en lo fácil que es una vez has alcanzado tu objetivo inicial. Esta vez no te parecerá tan empinado. ¿Por qué? Porque ya has logrado tu objetivo. *No tienes* que caminar el medio kilómetro de subida, sino que has elegido hacerlo, y estás fijándote en tu nivel de energía en lugar de hacerlo en si puedes o no hacerlo.

Advierte que no estás intentando engañarte sobre la realidad de la pendiente, sino que simplemente estás responsabilizándote de tu actitud y de cómo te hablas a ti mismo, y eso cambia tu percepción de la realidad. Sé consciente de lo difícil que puede ser este último medio kilómetro cuando estás pensando en la meta, sabiendo que es literalmente una batalla cuesta arriba. Anota cualquier pensamiento negativo del tipo «No soy capaz de hacerlo» o «Eso duele demasiado». Practica la superación de estas ideas y advierte cómo llegas a la cima.

Este ejercicio te enseñará que centrarte únicamente en la meta es agotador; mantener metas inflexibles dificulta el camino, y tu nivel de energía se ve afectado por la manera en cómo te hablas a ti mismo. Puedes ir más lejos de lo que tú crees.

Siempre que tus pensamientos o proyectos parezcan agobiantes o insuperables («No puedo hacerlo, no sé cómo voy a lograr este objetivo») recuerda cómo te enfrentaste a esta misma idea cuando subías la cuesta. En realidad no sabías si podías hacerlo, pero aun así perseveraste, centrándote en los pequeños pasos que sí eras *capaz* de dar, percibiste un cambio de perspectiva y sentimiento y fuiste capaz de alcanzar la cima.

Hablando de lograr metas y de técnicas de centrar la atención con corredores de maratón, descubrí que una parte esencial de su entrenamiento como corredores de fondo implica olvidarse de la meta y centrarse en el proceso... ¡durante más de dos horas! En muchos momentos de la carrera de 42 kilómetros, la idea «no soy capaz de lograrlo» pasa por la cabeza de los corredores. Pero están acostumbrados a este tipo de distracciones y se han preparado para utilizar este tipo de pensamientos para recordarse que deben centrarse en lo que *pueden* hacer ahora. Y están preparados con un pensamiento positivo: «Puedo dar un paso más. Voy a acabar aunque tenga que aflojar el ritmo y arrastrar los pies durante los metros siguientes. Ya veré luego si puedo ganar».

Un corredor, participante en los Juegos Olímpicos, me comentó: «Si pienso demasiado en la línea de meta, pierdo velocidad, esté delante o detrás. Tengo que entrenarme a desviar mi atención de la meta y hacia el paso siguiente, el proceso de mantenerme en la carrera».

En un campo muy distinto, Nathaniel, un empresario emprendedor, explica:

> Si me preocupo demasiado por mantener mis ingresos y pagar las facturas, empiezo a posponer decisiones importantes, a actuar con demasiado cuidado, a intentar seguir una fórmula segura. Eso interfiere con mi capacidad de pensar con creatividad y de actuar con espontaneidad. He descubierto que tomarme unos minutos con el fin de hacer los ejercicios para centrar la atención me ayuda a ser consciente de los temores que normalmente estarían al mando de mi manera de sentir. Soy consciente de que me preocupo demasiado de cometer errores o de que estoy demasiado ansioso por un objetivo específico... Puedo evaluar el riesgo con realismo y elegir correrlo o apartarme de él. Ahora controlo yo, no mis miedos: puedo decidir.

Concentración: controlar las distracciones

Superar la procrastinación cuando estás en medio de un revés puede complicarse con la incapacidad de concentrarse. Entender y controlar los pensamientos que distraen es importante para ajustar tus hábitos de trabajo y prepararte para enfrentarte eficientemente a los reveses.

Los pensamientos de distracción pueden resultar creativos y útiles, pueden ayudar a liberar emociones reprimidas o sencillamente pueden ser aleatorios. Tu mente está procesando datos y sensaciones continuamente para tu protección, crecimiento e ilustración; sin embargo, hay momentos en los que los pensamientos y las imágenes que cruzan por tu cabeza parecen más entorpecedores que útiles. Si puedes anticiparlos y desarrollar un sistema para mantenerlos a raya, serás más capaz de hacer que las distracciones jueguen a tu favor.

Un paciente típico me dirá: «Mi problema es de concentración. Cuando intento trabajar me distraigo». A menudo les respondo: «Cuando *tú* no puedes concentrarte, ¿en qué se concentran tus pensamientos de distracción?». El tema es que no puedes *no* concentrarte, de modo que tu problema *no* es de falta de concentración, sino que tu atención se marcha hacia algo en lo que preferirías no estarte concentrando ni que te preocupara, como las críticas potenciales de tu jefe o las ganas que tienes de acabar este proyecto.

Hay ciertos tipos de distracciones, como las emociones fuertes, que hay que tratar de inmediato, pero la inmensa mayoría de las distracciones pueden ser atendidas *después* de hacer una parte de trabajo de calidad. Si tienes una dificultad extrema para concentrarte, apunta rápidamente las distracciones que te surgen en un cuaderno. Una vez hayas hecho parte del trabajo, la ansiedad remitirá, por muy intensa que fuera hace treinta minutos. Cuando revises tu lista de pensamientos y tentaciones de distracción, te darás cuenta, casi siempre, de que la urgencia de comerte una bolsa de patatas fritas o de llamar a un amigo han desaparecido tan pronto como te implicabas en tu trabajo. Con la satisfacción de haberte puesto en marcha —sin culpa y bajo tu propio control—, gratifícate con esas distracciones anteriores que has anotado en tu cuaderno.

Además de recanalizar rápidamente tu concentración en la tarea, anotar tus pensamientos de distracción te ayudará a identificar las que pueden ser descartadas como maneras sencillamente creativas de evitar algo cuya realización te provoca ambivalencia. En cuanto a las distracciones más importantes, es preciso que programes un momento específico para dedicarte a ellas. Durante estos momentos programados puedes dedicar la atención adecuada a las cuestiones que han estado implorando tu resolución. Cuando empieces a mantener tus compromisos para resolver estos asuntos en un horario específico, la frecuencia de los pensamientos de distracción se atenuará a medida que tu mente aprende que te estás ocupando de las cosas.

La doctora Martha Maxwell, en su libro *Improving Student Learning Skills*, explica que hay al menos cinco tipos de distracción distintos:

1. **Emociones fuertes.** Es el tipo de distracción que merece atención inmediata. Puede que estés usando el trabajo como intento de distraerte y no enfrentarte a emociones intensas relacionadas con un ser querido, la confrontación con alguien difícil o preocupaciones económicas o de tipo médico. Más que esforzarte por concentrarte en el trabajo y seguir procrastinando respecto de estos sentimientos, permítete un poco de tiempo (puede ser tan poco como diez minutos) para reflexionar y escribir lo que puedes hacer para enfren-

tarte a la situación o cambiarla. Piensa también en dónde puedes obtener apoyo y cuándo puedes ponerte en contacto con amigos. Cuando hayas reconocido tus emociones y desarrollado algún plan para gestionarlas, te resultará más fácil concentrarte en el trabajo.

2. **Advertencias de peligro.** Las amenazas reales o imaginarias interrumpirán tu capacidad de concentración estimulando una reacción adrenalínica. Para evitar la agitación que provoca este tipo de distracción, desafía a los mensajes de presión que te envías a ti mismo («¡Tengo que acabar el jueves o se me cae el pelo!») y recuerda que tienes maneras alternativas de sobrevivir hasta a lo peor que pudiera ocurrir. Aleja las amenazas y haz el trabajo de preocuparte por cualquier catástrofe imaginaria creando un plan de respuesta y una red de seguridad. Eso reducirá la respuesta de estrés y la señal de advertencia que te distrae.
3. **Recordatorios de deberes.** Mientras te encuentras inmerso en un proyecto difícil, ese litro de leche que tienes que salir a comprar o cualquier otro elemento de tu lista de cosas pendientes te acecharán sin motivo aparente. Evitar este tipo de distracción es bastante legítimo. Puedes apuntar las distracciones en tu cuaderno, liberándote de la carga de intentar acordarte, y enfrentarte a ellas más adelante, después de haber completado al menos media hora de trabajo. Este proceso puede volverte extraordinariamente eficiente: utilizas tus recados pendientes como gratificación por haber completado tu trabajo en lugar de como excusas para procrastinar.
4. **Fantasías de escape.** Si anticipas largos períodos de privación, puedes esperar sufrir un aumento de las fantasías sobre comida, sexo y vacaciones. Apunta tus

fantasías de huida para planear tu futuro ocio sin culpa. Decidir trabajar en períodos breves y tolerables de trabajo y asegurarse de contar con recompensas y ocasiones sociales a la vista en tu no agenda minimizará este tipo de distracciones.

5. **OVNIS: Originalidades Volátiles No Interpretables.** Puede que en estos momentos en los que te encuentras inmerso en un proyecto crucen por tu mente pensamientos imaginativos y a menudo seductores que no pueden ser del todo comprendidos. Podría tratarse de asociaciones de ideas creativas, pero probablemente ahora mismo no te sirvan de nada. Deja volar estos ovnis libremente o anótalos rápidamente para luego poder darles vueltas, si quieres.

Si identificas y tomas nota de las distracciones, limitas las interrupciones a un mínimo. Y porque sabes que las distracciones, si son importantes, serán trabajadas más adelante, podrás estar lo bastante relajado para concentrarte en desarrollar el trabajo de calidad de tu proyecto actual.

Ensayo mental y reprogramación

La visualización mental es un instrumento muy poderoso para prepararte ante posibles peligros. En la sección donde se habló de hacer el trabajo de preocuparse aprendiste a enfrentarte a la ansiedad creando un plan de seguridad y supervivencia. Es también muy útil como manera de ensayar el rendimiento máximo en las actividades cotidianas. El ensayo mental y la reprogramación son formas de visualización mental que te pueden preparar para dejar de lado las distracciones y las trampas de la procrastinación, mientras centras tu atención en las metas.

Una mujer de negocios muy competente y triunfadora me consultó sobre el bloqueo que estaba experimentando con un proyecto especialmente confuso cuya resolución calculaba que le llevaría entre dos y cuatro semanas. Trabajar con Martha era un placer. Había asumido rápidamente los conceptos de la no agenda y del ocio sin culpa y los había aplicado a su empresa con su estilo y su ingenuidad tan personales. Pero ahora tenía dificultades con un proyecto que le generaba una intensa sensación de temor y resistencia.

Mientras Martha me describía el proyecto con todas sus idas y venidas y todo el potencial de crítica que podía generar por parte de su jefe, empecé a comprender sus problemas para desenmarañar aquel complicado ovillo. Había aplicado con gran acierto mis conceptos y técnicas, de modo que tenía mucha confianza en ella. Consciente de ello, le dije: «A riesgo de parecer una víctima de las teorías de la Nueva Era y de la verborrea psicológica, me gustaría pedirte que cierres los ojos, respires hondo tres veces y te distancies de tratar de resolver este dilema a nivel consciente. Deja que tu subconsciente te dé una imagen y una sensación de este bloqueo. Mira lo grande que es, qué forma tiene, su grosor y su color».

Martha y su subconsciente fueron buenos colaboradores. En su imaginación, vio una pared de ladrillos de diez metros de altura y de metro y medio de grosor que bloqueaba por completo su camino. Le pedí a Martha que se acercara lentamente a su obstáculo. (Eso es lo que hay que hacer con los bloqueos, con el hombre del saco y con todos los monstruos que te acechan: acercarse a ellos.)

Cuando se acercó a la pared y vio lo sólida que era, le pedí a Martha que esperara una solución creativa de su subconsciente. No tardó mucho rato en visualizar una lucecita a un lado de la pared, y allí encontró una pequeña puerta que llevaba hasta su proyecto. La pared era realmente gruesa, pero ahora ella sabía que podía ponerse a trabajar en el proyecto sin antes tener que derribar la pared. Martha podía conservar la pared como protección y podía colarse a través de ella por la puertecita cuando quisiera.

¡Qué solución tan creativa le había dado su mente! Martha estaba encantada con ella misma y entendió mejor que necesitaba tanto la protección que le ofrecía la pared como cierta flexibilidad. Antes lo había visto como una solución de «o ella o yo»: un potente bloqueo defensivo o la conformidad servil con las exigencias del proyecto. Ahora lo tenía todo.

La ilusión de su liberación del miedo y el resentimiento hizo que Martha tuviera ganas de ponerse a trabajar a primera hora de la mañana siguiente. Cuando decidió que se podría manos a la obra a las ocho, le pregunté hasta qué punto era una hora realista. Después de reconsiderarlo, se comprometió a estar sentada en su despacho, trabajando en el proyecto, a las nueve. Luego hicimos un pequeño ensayo mental más con el fin de asegurarnos de que habíamos eliminado otros obstáculos potenciales para lograr un buen comienzo. Con los ojos cerrados, Martha programó cómo organizaría su trabajo: visualizó dónde localizaría varios archivos y notas; usó la sensación de su silla para acordarse de utilizar el ejercicio de centrar la atención y superar así las primeras frustraciones de ponerse en marcha; se comprometió a fondo con sus pausas, a tomar un buen almuerzo y a pasar una velada agradable, y finalmente utilizó sus ejercicios de respiración a lo largo de todo el día para reorientar su energía y su compromiso siempre que se sintiera bloqueada.

Cuando vi a Martha la semana siguiente, estaba sorprendida de lo bien que habían funcionado el ensayo mental, la concentración y la preprogramación. Se había puesto a trabajar efectivamente a las 8.45 horas y había localizado los archivos exactamente donde creía que estaban. Había empezado con buen pie, haciendo un buen trabajo en una tarea compleja, sorteando el bloqueo y la procrastinación.

Aplicando el ensayo mental, te puedes encontrar recordando que has de ponerte a hacer el proyecto en el momento preprogramado. Le habrás dado a tu mente una imagen que puede asumir y un mensaje con el que puede cooperar. Te llevará al lugar imaginado para tu trabajo elegido. Cuando te sientes en la silla y veas la hora en el reloj, marcando la que imaginaste en tu ensayo, automáticamente empezarás a recordar los agradables sentimientos de tu ejercicio para centrar la atención. En dos minutos estarás relajado y concentrado, serás capaz de recurrir a las soluciones que ya han sido «plantadas» en tu cabeza por ti y por tu capacidad creativa mientras jugabas y soñabas: estás usando una parte mayor de tu cerebro para ayudarte a trabajar más fácil y rápidamente. Tu anterior ensayo mental ha preparado las vías neuronales de tu cerebro para facilitar un rendimiento óptimo.

Establecimiento efectivo de metas

> Nada es tan agotador como la eterna espera de una tarea inacabada.
>
> Iam James

A medida que dejas atrás tus viejos hábitos de procrastinación, cada vez eres más capaz de enfocar tu atención al logro de tus objetivos. Con la ayuda de tus nuevas herramientas serás capaz de asumir objetivos mayores con mayor confianza y con más posibilidades de cumplirlos. Más que pelearte con la procrastinación, estarás más orientado hacia los resultados y querrás seleccionar y establecer objetivos de manera que se optimicen tus posibilidades de éxito.

Cómo te marcas los objetivos influye fuertemente en tu capacidad de volver a comprometerte con ellos y de recuperarte después de un revés. Así, hay una serie de pasos final que es adecuada para asegurar un establecimiento efectivo de objetivos que atenúe los problemas de procrastinación y favorezca la facilidad con la que trabajas y perseveras en tu camino hacia el logro.

Todos tenemos una serie de cosas que nos gustaría cumplir, cosas que nos decimos que «debemos» cumplir: aumentar nuestros beneficios netos, aprender a tocar el piano, ganar un millón de dólares, irnos de vacaciones, escribir un libro, acabar la carrera, hacer obras en casa, perder diez kilos, pasar más tiempo con los amigos, levantarnos más pronto por la mañana, etcétera. Teniendo en cuenta el tiempo y la energía limitados de los que disponemos, debemos tomar decisiones y establecer prioridades con el fin de avanzar en *un* objetivo y evitar la decepción y el sentimiento de trabajo con el resto.

Para asegurarte de que tu manera de establecer metas te ayuda a superar la procrastinación, comprométete solamente con los objetivos y los caminos que puedas asumir realmente. Para evitar la frustración del círculo de procrastinación, debes abandonar las metas inasequibles y los deseos que solo lo son a medias.

Si tienes una serie de metas que permanecen sin cumplir y que siguen asediándote con culpables «debería» —«Debería ponerme en forma», «Debería organizarme», «Debería arreglar la puerta del garaje», «Debería ponerme a estudiar las quejas de los clientes»—, lo más probable es que, aunque desees ver cumplido el objetivo, has estado poco dispuesto a comprometerte a hacer el trabajo necesario para cumplirlo o, a pesar de que realmente lo *deseas*, no eres capaz de encontrar el tiempo en tu saturada agenda.

Uno de los secretos mejor guardados de los grandes productores es su capacidad de abandonar los objetivos que no pueden lograr o poner en marcha en el futuro cercano. Para establecer metas realistas, debes estar dispuesto a comprometerte totalmente a trabajar en el *trayecto* que te lleva a esta meta y, por tanto, a ser capaz de invertir el tiempo y la energía necesarios para empezar de inmediato. Si no puedes encontrar el tiempo o la motivación para ponerte a trabajar hacia este objetivo, déjalo o te seguirá acechando y te hará sentir como un procrastinador, como si hubieras fracasado en cumplir algo importante que te habías prometido a ti mismo que harías.

En caso de sentir que tus intereses por ese objetivo persisten pero que no puedes dedicarte a él en el presente, cambia tus expectativas sobre cuándo o cómo lo lograrás. Ponlo en tu lista de «deberes» para la jubilación, piensa en él como algo sobre lo que puedes soñar despierto y procrastinar, o considéralo más como un *deseo* que como una meta... algo que podría ocurrir de una manera distinta de la que pensabas al principio. Piensa en un momento, dentro de semanas, de meses, para reconsiderar la prioridad de esta meta y tu disposición a comprometerte a ponerte a trabajar en ella en este momento, pero *por ahora déjala correr* para poder concentrarte en un objetivo actual que sea factible y que te dé una sensación de logro.

Recuerda: *tú eres el dueño de tus metas*; no dejes que las metas poco realistas sean motivo de autocrítica o de acabar identificándote a ti mismo como procrastinador. Como persona productiva que eres, sabes qué objetivos has de perseguir con todo tu empeño y cuáles has de dejar a un lado.

Evitar los reveses

Parte de nuestra reticencia a establecer objetivos proviene de la consciencia de que, en cuanto tomemos este tipo de compromiso, nos arriesgamos a enfrentarnos a reveses y exigencias que nos obligarán a ir más allá de los límites que nos resultan confortables. Proponerte una meta te exigirá orientar tus actividades en una dirección, en un período de tiempo determinado, por un camino de retos que te recordarán tus límites y fragilidades humanas.

Los pasos siguientes te ayudarán a conservar la motivación necesaria para lograr tu meta y la fortaleza para soportar los reveses habituales que suelen encontrarse en cualquier camino hacia una meta. Estos tres pasos aplican las técnicas del programa de *Hazlo ahora* a la actividad de establecer metas eficientemente.

Paso 1: Reconoce el trabajo de procrastinar. Deja estar la fantasía de que puedes huir de tu trabajo por medio de la procrastinación. No hay ningún camino en la vida que no merezca esfuerzo. Prepárate para comprometerte con tu objetivo, reconociendo que tanto trabajar como tratar de evitarlo requieren un coste. La elección no es entre *trabajar* o *no trabajar*, sino *en qué tipo de trabajo*; hasta sentirse culpable por estar procrastinando requiere un esfuerzo. Cuando te comprometes con una meta, te estás comprometiendo con un tipo de trabajo que te reportará gratificaciones continuadas. Cuando procrastinas, eliges un tipo de actividad autopunitiva.

Está claro que, cuando te marcas un objetivo, te comprometes con un camino y te esfuerzas de manera seguida más allá de tus capacidades actuales hacia la meta: has de trabajar. Pero sentirse insatisfecho y mantener una lista de proposiciones incompletas también requiere trabajo.

Paso 2: Elige libremente todo el objetivo. Declara tu objetivo en forma de elección o decisión: «Elijo libremente trabajar en...» o «Trabajaré en...». Si un objetivo es importante para ti y sabes que vas a cumplirlo de una manera u otra, es lógico que *elijas libremente todo el trabajo que implica* su consecución: tanto las tareas tediosas como la parte divertida.

De hecho, puede que decidas hacer las partes aburridas (recopilar todos los recibos para tu declaración de renta o recorrer el primer kilómetro de tus ejercicios) más rápido con el fin de tener la sensación de que estás al mando, para minimizar el dolor y alcanzar las partes más placenteras. En *Un camino sin huellas*, M. Scott Peck hablaba de una analista financiera procrastinadora que siempre empezaba con las partes más placenteras de una tarea, incluido el comerse la capa más dulce del pastel. Le dijo que si trataba de «cumplir la parte más desagradable de su misión durante la primera hora (de su jornada laboral), luego estaría libre de disfrutar de las otras seis —explica el doctor Peck—. A mí me parecía que una hora de sacrificio seguida de seis de placer era preferible a una de placer seguida de seis de sacrificio [...]. Retrasar la gratificación es un medio de programar el dolor y el placer en la vida de manera que se potencia este último al enfrentarse y experimentar primero el dolor y darlo por terminado».

Elegir enfrentarse al dolor —porque quitarlo de en medio te permite dedicarte a las partes más placenteras— marca la diferencia entre cómo experimentas la actividad y cuánto controlas cualquier tendencia a procrastinar. Hacer una elección libre y tomar la decisión firme de completar la tarea te da poder y te centra, a la vez que transforma tu experiencia del trabajo. Como dijo Bill, un jugador de fútbol, sobre su rutina diaria de ejercicios: «Odio los abdominales. Si los dejo para el final, temo todo mi entreno, arruina mi actitud hacia todo el programa. En cambio, cuando decidí empezar por los abdominales, pasaban más rápido y luego disfrutaba del resto del entrenamiento. Este pequeño cambio supuso una gran diferencia en cómo me tomaba el ejercicio».

Paso 3: Crea objetivos funcionales y factibles. Los objetivos vagos han de traducirse en algo tangible que puedas hacer. Una meta realista incluye un verbo de acción, una fecha de cumplimiento y un componente de coste, normalmente tiempo o dinero. Por ejemplo: «Acabaré de pintar la casa el 1 de junio, trabajando en ello al menos quince horas a la semana» o «El 31 de diciembre habré perdido cinco kilos, haciendo media hora de ejercicio cada día y reduciendo trescientas calorías de mi dieta diaria». Divide tu objetivo en subobjetivos intermedios orientados a la acción y claramente factibles. Por ejemplo, «A la una del mediodía del miércoles habré hecho las quince visitas» es preferible a «En algún momento de la semana que viene habré terminado las visitas».

Para ser realmente eficaz a la hora de proponerte objetivos, necesitarás una submeta funcional que te indique lo que tienes que hacer *hoy* para acercarte a esa meta final. Las submetas orientadas a la acción te ayudarán a visualizar cuándo, dónde y en qué has de ponerte a trabajar cada día para alcanzar tu objetivo en una fecha específica.

Si sencillamente te quedas con tu objetivo final, algo típico del planteamiento de metas ineficaz, tendrás solo una sensación vaga de lo que precisas hacer y corres el grave peligro de acabar agobiado por la cantidad de trabajo necesario.

9

El procrastinador en tu vida

Todos nosotros trabajamos, vivimos y nos relacionamos con individuos cuyos problemas con la procrastinación nos afectan negativamente. La pareja que siempre llega tarde a cenar, el empleado al que tienes que recordarle una y otra vez que entregue los informes, el amigo que nunca te devuelve las llamadas. A menos que tengamos un firme dominio de las causas y los patrones básicos de la procrastinación (capítulos 1 y 2), la mayoría de nosotros acabaremos reforzando involuntariamente los patrones de procrastinación en aquellos a los que dirigimos, aconsejamos o amamos.

Intentamos enseñar a nuestras parejas, nuestros amigos y nuestros empleados la importancia de la puntualidad y de cumplir con las fechas de entrega, pero no sirve de nada. De alguna manera, nuestro mensaje no cuaja y, como si fuera para molestarnos, la situación parece empeorar. «¿Cuándo piensas organizarte?», les gritamos desesperados a aquellos que no atienden ni a nuestros consejos ni a nuestras amenazas. En *Procrastination: Why You Do It, What to Do About It*, las psicólogas Jane Burka y Lenora Yuen afirman: «En todas tus interacciones con procrastinadores, intenta hacer el papel de *asesor* en lugar del de director. En otras palabras, ofrece tu apoyo, sé una tabla de apoyo y ayúdalos a ser realistas, pero no intentes decidir por ellos ni juzgues su carácter moral».

Dirigir a gente que procrastina

La procrastinación cuesta a las empresas miles de millones de dólares en horas de trabajo productivo perdidas y millones en formar a los nuevos empleados que sustituirán a aquellos que no pudieron alcanzar su potencial. La eficiencia diaria y la calidad de tu productividad están afectadas por este hábito y por los intentos ineficaces de gestionarlo. Para ser eficaz dirigiendo a gente que procrastina, debes orientarlos hacia la elección, la confianza y el reconocimiento de lo que pueden hacer y debes evitar hacer ese tipo de comentarios críticos que los procrastinadores conocen tan bien. El discurso interno crítico aprendido en la infancia puede persistir en la edad adulta, como lo demuestra la novela de Garrisson Keillor titulada *Lake Wobegon Days*, que trata de un joven cuyos padres se comunicaban con él básicamente a través de las críticas y la negación del halago:

> Nunca me dedicasteis un cumplido y, cuando otros lo hacían, lo apartabais de mí con un palo... «Es fantástico que haya obtenido este trabajo.» [A lo que sus padres respondían:] «Sí, bueno, ya veremos cuánto le dura.» Me formasteis tan bien que ahora me hago yo mismo este favor. Declino cualquier buena palabra que me dedican, y mis negaciones son mucho más extravagantes que los halagos.

Recuerda que el escaso amor propio y los intentos ineficaces de motivación de los procrastinadores producen un diálogo interior constante del tipo «*Tengo que acabar* algo *importante* y hacerlo *perfectamente* mientras soporto largos períodos de *aislamiento* de la gente y las cosas que me gustan». Eso convierte a los procrastinadores en dictadores mucho peores para ellos mismos que cualquier otra persona lo sería jamás. El director que busca resultados ha de evitar, por tanto, los comentarios del tipo «Tienes que acabar este trabajo tan importante y, por tu bien, espero que no haya ningún error», lo que solo contribuiría a empeorar la presión, la crítica y las amenazas que el procrastinador se autoimpone, y a crear mayores bloqueos.

Los jefes y directores, en especial, controlarán mejor la procrastinación si se preocupan por los reproches contraproducentes que los procrastinadores se hacen a ellos mismos (véase capítulo 3), para estar preparados para contrarrestar su enfoque improductivo con afirmaciones que canalicen su energía hacia los resultados.

La capacidad de comunicarse en el lenguaje, las imágenes y las emociones que evocan comprensión, inspiración y dirección en el subordinado es el distintivo del liderazgo eficaz. El jefe, asesor o líder eficaz es capaz de identificarse con los distintos estilos de aprendizaje y perspectivas emocionales de los subordinados.

Los entrenadores de equipos líder, por ejemplo, reconocen los distintos estilos de aprendizaje de sus jugadores. El antiguo entrenador de los Raiders, John Madden, dice que hay jugadores a los que sencillamente les comentas la jugada y la asimilan de inmediato; otros a los que hay que mostrarles esquemas antes para que se formen una idea mental de lo que deben hacer, y hasta hay otros que no perciben el juego hasta que lo experimentan físicamente, para poder *sentirlo*, además de *verlo* y *oírlo*. Sucede lo mismo con los «entrenadores» de reclutas militares y de programas de formación empresarial. Los formadores eficaces entienden las motivaciones, los miedos y los intentos de solución de los empleados. Se aseguran de que lo que comunican atienda a esas necesidades y esos temores y reduzca la dependencia del empleado de soluciones tan contraproducentes como la procrastinación.

Para trabajar de manera efectiva con procrastinadores —es decir, con la mayoría de la gente—, los jefes deben tener en cuenta los tres factores principales que subyacen a la mayoría de problemas de procrastinación: el sentirse víctima, la sensación de agobio y el miedo al fracaso. Un buen líder o jefe enfoca estos problemas comunicándose en unos términos que sean capaces de provocar el compromiso en lugar de la conformidad, centrándose en objetivos factibles, y no en expectativas agobiantes, y aportando el halago por cada paso dado en la buena dirección en lugar de limitarse a criticar los errores. Su estilo directivo crea una atracción hacia la meta, se centra en poner en marcha cada etapa y aporta la seguridad y las gratificaciones adecuadas.

Compromiso frente a conformismo

El *compromiso* con las tareas genera mucha más creatividad y motivación que la *conformidad.* La dirección que promueve la conformidad coloca un fuerte peso en el jefe para que mantenga la autoridad y la fuerza suficientes para que los trabajadores accedan a sus órdenes sin cuestionarlas. Douglas McGregor, en *The Professional Manager*, afirma que los estilos de dirección coactivos, aunque funcionan hasta cierto punto, tienen tendencia a producir efectos secundarios negativos no intencionados en los empleados. Entre éstos están el antagonismo y la no obediencia de las normas, la apatía, una necesidad creciente de ser supervisado de cerca y unos costes administrativos superiores.

Exigencias de conformidad

- «Más te vale haber acabado al mediodía.»
- «O llegas pronto o te la cargarás.»
- «Has de hacerlo exactamente como te enseñé.»
- «Aquí mando yo, así que haz lo que te digo.»

Los requerimientos de «tienes que» y «debes» llevan implícita una amenaza de una autoridad externa que obliga a una víctima a hacer algo contra su voluntad. Estos mensajes de exigencia provocan unos sentimientos de impotencia, ambivalencia, resentimiento y resistencia que a menudo se canalizan a través de la procrastinación. La procrastinación se puede reducir drásticamente ofreciendo a los empleados vías de escape legítimas que les permitan expresar su poder y control sobre los proyectos laborales, en lugar de la resistencia pasiva que supone la procrastinación.

Permitir a los empleados que participen en las decisiones que afectan a su trabajo y darles opciones sobre cómo cumplen las órdenes crea una sensación de compromiso. Eso provoca un mayor sentido de la responsabilidad personal por el trabajo de calidad que la típica actitud «o lo tomas o lo dejas» que solo exige obediencia.

Cuando los empleados pueden ser algo más que víctimas que se conforman pasivamente con las exigencias y amenazas, pueden dejar a un lado la resistencia a la autoridad y comprometer su motivación y creatividad a completar el trabajo, en lugar de limitarse a evitar el castigo.

Invitar al compromiso

- «¿Qué me podrías presentar en forma de borrador para este mediodía?»

- «Te he colocado en un puesto de responsabilidad y confío en ti para que llegues a las nueve.»
- «Necesitamos poder confiar mutuamente en nuestro trabajo, de modo que necesito que sigas las instrucciones con precisión. Ven a verme si tienes algún problema con ellas.»
- «Soy responsable de esta unidad, pero hay cosas que yo no veo —puntos ciegos en mi manera de trabajar—, de manera que necesito vuestra ayuda y que me informéis si algo se me escapa.»

Como jefe, mantienes el control sobre *cuándo* se completa la tarea y la calidad del trabajo, pero no puedes estar encima de todo. Para ser realmente eficaz y eficiente has de delegar en trabajadores en quienes confías. Para obtener los resultados cuando los necesitas, debes comunicar a tus trabajadores que se les confía la responsabilidad *y la autoridad* de su participación, con pleno compromiso con la tarea.

Concentrarse en el inicio y no en el final

La inmensidad del trabajo que implica cumplir con fechas lejanas para proyectos grandes o importantes provoca ansiedad en los procrastinadores, ya que, o bien intentan hacerlo todo de golpe, o bien evitan ni siquiera empezar. Hay gente con una tendencia tan grande a la ansiedad y la angustia que cualquier tarea que vaya más allá del trabajo de una semana requerirá que sus jefes le estructuren el trabajo cuidadosamente en partes factibles que se puedan poner a hacer de inmediato y que eviten afirmaciones que colocan un énfasis desmesurado en el cumplimiento.

Énfasis en el final

- «¿Cuándo tendrás acabado el proyecto?»
- «Eso hay que tenerlo acabado para el viernes.»
- «Todavía queda mucho por hacer.»
- «Recuerda que tan solo quedan un par de meses para la fecha de entrega.»

Aunque estas frases poseen la virtud de ser directas, muestran una falta de comprensión de los problemas que tienen los procrastinadores si se sienten agobiados a la hora de ponerse en marcha, por ponerse límites de tiempo realistas, juzgando hasta qué punto es lo bastante buena la calidad del proyecto y sabiendo cómo tomar las decisiones necesarias para acabar a tiempo. Dejan además al procrastinador centrado en la línea de llegada como la meta, en algún punto del futuro lejano, sin un punto de inicio acordado. Con unas directrices tan vagas, podrías empujar al perfeccionista a crear un proyecto mucho más elaborado y caro de lo que necesitas para adecuarse a tus necesidades.

Los jefes efectivos entienden la importancia de comunicar a sus empleados los pasos concretos que deben ejecutar para ponerse manos a la obra. Entienden también que superar la apatía es ganar media batalla. Con los empleados que tienen dificultades por ponerse en marcha, los jefes eficientes se toman el tiempo de valorar las posibles causas del bloqueo: pérdida de tiempo tratando de ser perfecto, agobio por tener que enfrentarse a todo el proyecto, no saber crear una agenda tridimensional de objetivos intermedios, ni una imagen clara de cuándo y dónde empezar. Con una imagen tridimensional de las metas y fechas intermedias, tanto tú como el procrastinador al que supervisas sabréis qué trabajo hay que cumplir en cada momento.

Ser claro sobre cuándo ponerse en marcha

- «¿Cuándo puedes ponerte a hacer un primer borrador?»
- «Esto lo necesito para el viernes. Prográmate para enseñarme un borrador en nuestra reunión del martes a las diez, para que lo podamos revisar juntos.»
- «¿Podrías hacerte una agenda provisional de los pasos necesarios para cerrar la cuenta de Jones y enseñármela sobre las tres? Así podremos concretar un programa realista para completarla.»
- «Si vamos a cumplir con el plazo de dos meses para el caso Smith, necesitaré ver al menos un esquema este viernes. ¿Necesitas que alguien se ocupe de tus responsabilidades mientras te pones a hacerlo?»

Las respuestas que recibas a estas preguntas te permitirán saber si has comunicado adecuadamente tu sensación de apremio sobre el proyecto y el nivel de calidad necesario para tu primera revisión. Las preguntas centrarán la atención del empleado en un pequeño proyecto que puede iniciarse de inmediato y ser revisado en el futuro próximo. Sus respuestas a tus preguntas también te ayudarán a aclarar tus propias prioridades y la programación del proyecto.

En estos ejemplos, el jefe ha sorteado la tendencia del procrastinador a preocuparse por hacer un borrador perfecto y ha establecido y modelado el uso de un enfoque tridimensional —de borrador a producto acabado— para evitar crear sentimientos de angustia. Así, el empleado, en lugar de enfrentarse a un «juicio final» aterrador y paralizante al final del proyecto, puede pensar en términos de varios informes de progreso. Cada reunión con el jefe le ayuda a compartir la responsabilidad de este importante proyecto y le sirve de oportunidad para obtener más reacciones y directivas con las que orientar los pasos posteriores.

Leonard R. Sayles, profesor de gestión en la Universidad de Columbia, dice que mientras que «muchos directivos se ven a sí mismos como tomadores de decisiones e impartidores de órdenes [...], éste es un punto de vista irrealmente pasivo de lo que deben hacer en realidad, puesto que puede haber graves problemas para transmitir una orden a un subordinado. Por muy cuidadosamente formuladas que estén, muchas órdenes importantes requieren implementaciones complejas [...] que el jefe debe seguir iniciando y *escuchando*. Aunque la orden pueda ser clara, solo adquiere un significado real cuando el jefe observa la serie de opciones subsidiarias o compensaciones que hace el subordinado [...] y lo sigue empujando hacia la interpretación que el jefe perseguía cuando dio la orden». Sayles sugiere luego que las interpretaciones erróneas por parte de los subordinados a menudo están más relacionadas con la incapacidad de mantener un canal claro de comunicación con el jefe que con una falta de motivación por parte de éstos.

Obtener resultados o criticar

Cuando los jefes critican a los empleados o amenazan la seguridad de su puesto de trabajo con el fin de descargar su rabia o en un vano intento de motivarlos, es probable que estén imponiendo bloqueos a la productividad y contribuyan a la procrastinación. Los empleados que se ven obligados a preguntarse constantemente «¿Será eso suficiente para evitar que me vuelvan a llamar la atención? ¿Me despedirán si lo hago mal?» no pueden usar toda su capacidad para hacer un trabajo productivo, pues su atención está comprometida en preocupaciones necesarias por sobrevivir a las iras del jefe y conservar su amor propio. Los miedos de los trabajadores a las críticas de sus jefes por su carácter, su valía y sus merecimientos deben minimizarse para lograr la máxima eficiencia.

Críticas a la persona

- «¿No sabes hacerlo bien? ¿Cuál es tu problema?»
- «Este informe está totalmente fuera de lugar. Así no lo conseguirás nunca.»
- «Típico de ti: siempre llegas tarde.»
- «Esta vez la has jodido de verdad.»

Las afirmaciones de este tipo provocan estrés mediante el ataque personal y una crítica amplia y contraproducente que no indica en absoluto la manera de corregir la actuación. En lugar de distraerlos con ataques a su carácter, los trabajadores han de poder concentrarse en lo que se precisa para ponerse manos a la obra (y completar el trabajo). Está claro que la inseguridad de un empleado no es el problema de un jefe, pero sí está dentro del ámbito de la responsabilidad del jefe crear un ambiente de trabajo que permita concentrarse en el proyecto y corregir rápidamente los errores, más que en las críticas al empleado y en atribuir culpas. Cuando se produce un error, hay que evitar las críticas y las amenazas y dar la confianza de que, si el empleado está dispuesto a aprender, se le dará la formación necesaria. Hay que tener en cuenta que cierta bajada de la productividad es una parte aceptable del aprendizaje de un nuevo oficio, y que la atención del supervisor ha de centrarse en enseñar cómo se van a lograr los objetivos, no en limitarse a dar órdenes y cargar las culpas.

La gente aprende más rápidamente en un entorno en el que se aprecian los pasos avanzados en la dirección correcta y las críticas son constructivas y centradas en las cosas que pueden mejorarse. Siempre que sea posible, los elogios deben hacerse por escrito para que tengan un significado añadido para el receptor y motiven a sus compañeros. Como en los ejemplos siguientes, el elogio debe preceder hasta a la forma más suave de recomendación de mejora.

Elogios

- «Me ha gustado mucho cómo has gestionado la cuenta del señor Jones.»
- «El informe es claro y conciso.»
- «Has llevado a cabo un buen seguimiento telefónico con el señor Jones.»
- «Has hecho un buen trabajo gestionando los problemas de atención al cliente.»

Necesita mejorar

- «Me gusta lo que has hecho con la cuenta de Jones y creo que podrías obtener unos resultados todavía mejores —y evitar tensiones en tu próximo proyecto— si sigues las fechas establecidas para informar a la oficina central.»
- «El informe es excelente: claro, conciso y al grano. Con unos mínimos retoques en el último apartado, será perfecto.»
- «Has hecho un buen seguimiento telefónico con el señor Jones y me gustaría que acabaras de consolidar el contacto con una visita a su fábrica. La próxima vez que te asignen una cuenta nueva, acuerda una visita a la planta lo antes posible.»

- «Has hecho un buen trabajo gestionando los problemas de atención al cliente y me gustaría ver si se puede hacer algo más para evitar esas quejas.»

La finalidad de combinar las recomendaciones constructivas de mejora con halagos es transmitir a los trabajadores más claramente qué acciones son correctas y cuáles necesitan un mayor esfuerzo, sin provocarles un estrés innecesario que perturbe su capacidad de aprendizaje. Cuando el reconocimiento de un trabajo bien hecho precede a cualquier crítica, atenúa el miedo al fracaso por los errores, reconoce que los subordinados están haciendo algo bien y que sus esfuerzos son apreciados, y da una orientación que tiene menos probabilidades de ofender y más de ser escuchada como una instrucción útil sobre cómo cumplir los objetivos de la organización.

T. O. Jacobs, en su obra fundamental sobre liderazgo, *Leadership and Exchange in Formal Organizations*, afirma que el primer requisito de un líder es el establecimiento de la confianza mutua a través de la regularidad aportando compensaciones a medida que se ganan. La violación de esta confianza por el comportamiento arbitrario o incoherente del líder provoca intensos sentimientos de resentimiento, ira y sed de venganza por parte de los subordinados, factores que figuran entre las causas subyacentes de la procrastinación. Este principio de coherencia implica algo más que la simple justicia: requiere que los jefes seleccionen los objetivos adecuados, definan las expectativas con claridad, ayuden a sus empleados a lograr sus metas a través de la competencia técnica y la planificación para evitar y superar obstáculos, y sepan qué gratificaciones son las razonables para cada esfuerzo.

Las siguientes directrices ayudarán a los jefes a mejorar la productividad y a evitar órdenes y acciones que potencian la procrastinación. Estas directrices siguen la línea del programa de *Hazlo ahora* y de las cualidades de liderazgo de T. O. Jacobs, que estimulan altos niveles de motivación en los trabajadores.

Define claramente tus prioridades

Haz saber a tu personal qué trabajo tiene prioridad y sé constante. Si alteras repetidamente tus prioridades obligando a los trabajadores a atender emergencias constantemente, pierdes credibilidad y enseñas a tu personal a procrastinar mientras espera que llegue la emergencia siguiente. Reduce tu utilización de las emergencias y las crisis como procedimiento estándar de funcionamiento. Ten más criterio a la hora de utilizar la etiqueta «emergencia». Cuando sea necesario reorganizar las prioridades, distribuye tus emergencias legítimas entre los distintos empleados con el apoyo adecuado y la liberación de otros encargos: «Da prioridad al caso de Jones y pon todo lo demás en cuarentena. Utiliza toda la ayuda necesaria para reasignar tus otros casos».

Sé decisivo

No seas como el general que cambia constantemente de opinión sobre dónde hay que cavar las trincheras y así promueve el escaqueo entre sus tropas. Pedir a los trabajadores que repitan tareas difíciles y complejas les hace malgastar sus esfuerzos y potencia la procrastinación. Construye confianza alrededor de tu liderazgo sopesando con cuidado tus decisiones, manteniéndolas y haciendo claramente tareas conocidas que conducirán a cumplir los objetivos de la organización.

Si no estás seguro del trabajo que hay que hacer, anima a tus subordinados a participar en el proceso de toma de decisión pidiéndoles esquemas de varias propuestas, en lugar de insistir prematuramente en un producto acabado: «Podemos enfocar la oferta de XYZ de varias maneras. Me gustaría ver los resultados de vuestra lluvia de ideas al mediodía, para así poder determinar el enfoque correcto».

Sé justo y prodígate con las recompensas

William James, el primer profesor de psicología de Harvard (y de Estados Unidos), dijo que el ansia de ser apreciado es una necesidad profunda del ser humano. Los pequeños reconocimientos de alguien en posición de autoridad satisfacen en gran manera esta necesidad y tienen un gran impacto en el sentido del deber del trabajador y en su sensación de que forma parte de la empresa. Los ánimos frecuentes ayudan al trabajador a sentirse motivado *ahora*, mientras recorre el camino hacia gratificaciones lejanas. Utiliza las metas y fechas de entrega intermedias *programadas* para dar una mayor sensación de logro y como oportunidad de ofrecer recompensas u orientación por el camino hasta completar el proyecto final. Programa reuniones como oportunidades de reconocer los avances y para dar respuestas constructivas a cualquier movimiento en la dirección deseada: «Adams, estoy muy impresionado con lo que has conseguido hasta ahora. Con unos pocos retoques y añadiendo unos cuantos gráficos, será una presentación excepcional. ¿Cuándo quieres que nos volvamos a reunir para comentar estos cambios?».

Da respuestas constructivas

Mantén el intercambio de impresiones centrado en el logro del objetivo. Cuando se cometa algún error, expresa tu decepción por el fallo mutuo de no haberos comunicado con claridad y de no haber podido completar los objetivos comunes. Pero mantente orientado a lo que hay que corregir para lograr la meta y que en el futuro no vuelvan a repetirse los mismos errores: «Esto es inaceptable. Aquí se nos han cruzado los cables del todo. La próxima vez que un cliente diga "madera de grano grueso", asegúrate de que sabes lo que pide. Con algunas variedades necesitarás un intérprete. A ver si podemos utilizar los excedentes de otro pedido antes de intentar devolverlo al almacén».

Vivir con un procrastinador

Erma Bombeck sugiere que, si vives con alguien que padece el síndrome «lo-siento-llego-tarde», debes resignarte a no ver nunca a la novia entrando en la iglesia, a perderte siempre el comienzo de una película y a no escuchar jamás el himno en el campo de fútbol.

Sabemos que hay parejas que llevan muchos años discutiendo por este tema, y algunas hasta han llegado a romper por culpa de no llegar nunca a las fiestas y de la procrastinación crónica. Así, nos debatimos entre las súplicas y las amenazas: asumir el papel del que se siente responsable de protestar e insistir es casi tan malo como ser el que recibe las quejas. Quejarse solo genera resentimiento en ambas partes: uno tiene el sentimiento de presión de una autoridad externa contra la que tiene que rebelarse, el otro la sensación de que lo obligan a hacer de policía o de padre.

Las quejas colocan a menudo a los procrastinadores en el papel de los niños, que se sienten disminuidos porque les dicen lo que tienen que hacer. Luchar contra una figura de autoridad se vuelve entonces más importante que llegar a la fiesta a tiempo y pasarlo bien. Sin embargo, cuando se los trata como si fueran adultos responsables y amos de sus decisiones («Me marcho a las ocho en punto»), los procrastinadores pueden *elegir* acompañarte o dejarte marchar solo. Esta oportunidad de elegir les evita la sensación de víctima que ha de reaccionar a *tu* imposición de presión temporal.

Aunque el comportamiento procrastinador de un ser amado puede afectarte de manera directa, es importante que no lo tomes como una afrenta personal. Gestionar el perfeccionismo, el miedo al fracaso o al éxito y el resto de causas que subyacen en la procrastinación hace que a la mayoría de los procrastinadores le sea muy difícil mantener una idea realista de cuánto tiempo les llevará hacer un trabajo o actividad.

A menudo, te ponen a prueba subconscientemente para ver de cuánto tiempo disponen *realmente*: tiempo para evitar tareas que les dan miedo y de poner en práctica rituales perfeccionistas, en un intento de posponer las críticas que anticipan. Eso significa que, para los procrastinadores, «la cena es a las nueve en punto» no resulta tan útil como «tenemos que dejar a los niños listos a las ocho en punto y salir de casa a las ocho y media». Tu propia aplicación del pensamiento tridimensional y del calendario inverso (comentado en el capítulo 5) te ayudará a comunicar al procrastinador de tu vida una imagen de los pasos necesarios para llegar a tiempo a vuestro destino.

Por otro lado, los procrastinadores no deben tomarse como algo personal que te marches exactamente cuando has avisado que te marcharías, en lugar de esperarlos. Puedes explicarles que, aunque no es realmente culpa tuya, eres más bien neurótico con los horarios. Esperas que sean comprensivos contigo y te perdonen tu pequeña obsesión, pero que es mejor para vuestra relación si puedes marcharte cuando has avisado que ibas a hacerlo.

Recuerda, todo este asunto de llegar puntual es *tu* problema. Culpar al procrastinador es tan ineficaz como inadecuado. Serás más eficiente si confiesas tu pequeña manía con los horarios: «No soy tan adaptable y espontáneo como tú, de modo que me siento inclinado a empezar a prepararme ahora para los compromisos futuros». Ya que estás en ello, podrías admitir además que estás tan obsesionado con el control que tienes que usar un calendario inverso para llegar a tiempo a una boda o a la proyección de una película. De hecho, eres tan humano e imperfecto que necesitas apoyarte en esa muleta para calcular con realismo el tiempo que necesitas para prepararte y sortear el tráfico de la ciudad. Tu compasión por tu lado neurótico es tanta que te pones en marcha cuando has dicho que lo harías con el fin de evitar ponerte nervioso. «Toda esa emoción de los preparativos del último momento no se me da tan bien como a ti», puedes añadir incluso. Ahora que has captado su atención, puedes pedirles sinceramente su comprensión y colaboración para ayudarte a mantener la ansiedad a raya.

Una pareja que era claramente un caso de opuestos que se atraen vino a consultarme sobre sus conflictos con la procrastinación. David iba siempre impecable, puntual y organizado. Su formación de ingeniero y su formación en una familia razonable, tal vez algo reprimida, de científicos le había llevado a creer que todo el mundo debía trabajar de manera tan directa y eficiente como él. En cambio, la experiencia familiar y el historial de Karen, su esposa, no podían ser más distintos. La familia de Karen era propietaria de un pequeño comercio de alimentación que funcionaba en torno a, y a pesar de, las muchas tempestades emotivas de la familia. Su elección profesional de ser trabajadora social parecía algo casi tan predestinado como la carrera de ingeniero en el caso de David.

Cuanto más le decía David a Karen lo importante que era ser puntual, más se sentía ella como una niña presionada por un profesor o un progenitor enfadado. Cuanto más crítico se mostraba David, más desgraciada, culpable y confundida sobre qué hacer se sentía Karen. A los seis meses de conocer a David, Karen, que antes había conducido su vida de manera efectiva y acertada, se había convertido en una niña dubitativa ante las tareas cotidianas como llevar las cuentas de casa, acordarse de poner gasolina y apuntarse las citas que tenía.

David, sin darse cuenta, había adoptado el papel de la autoridad que repite los deberes y quehaceres de la vida. Lo que no sabía era que estaba alimentando el temor al rechazo de Karen, por no ser perfecta, y su propia voz paterna interior, que era todavía más exigente y crítica que David. Karen reaccionó adoptando el papel de víctima y resistente pasiva. Sin ser conscientes del círculo presión-procrastinación en el que se habían metido, David y Karen se habían quedado encallados en un frustrante tira y afloja. Uno lanzaba una exigencia y el otro se sentía forzado a recoger el guante y presentar batalla.

En nuestras sesiones, explicamos las causas subyacentes de la procrastinación (véase el capítulo 1) para dejarles claro a los dos que la procrastinación no es un defecto de carácter, sino una reacción de protección adquirida contra la presión, la angustia y el miedo al fracaso o al éxito. Quise que Karen y David captaran el hecho de que, si estos miedos subyacentes se podían disipar, la táctica aprendida de la procrastinación podía desaprenderse rápidamente.

Era fundamental que David se comprometiese más con estos resultados que con lograr que Karen se adaptara a su idea de cómo ha de funcionar y adaptarse a los calendarios una persona. También debía comprender que desempeñar su papel de padre presionador era contraproducente y poco atractivo. Karen necesitaba conservar su sensación de poder y evitar la resistencia pasiva de su papel de víctima. También tenía que recuperar su anterior confianza en su manera de cumplir objetivos antes de que las presiones y críticas de David empeoraran sus problemas relativamente menores con la procrastinación.

El primer encargo que les hice les pareció más fácil de lo que resultó en la práctica. Les pedí a los dos que se abstuvieran de quejarse y de dar consejos o recordatorios sobre lo que el otro tenía que hacer. Fallaron varias veces, pero el simple hecho de tratar de evitar estas conductas los hizo ser conscientes de lo mucho que su comunicación tenía de paterna, y de lo bien que el otro se sentía sin recibir consejos o recordatorios. Este ejercicio renovó el respeto que sentían hacia la conducta madura y responsable del otro y puso de relieve los aspectos en los que sus prioridades diferían. Para David, por ejemplo, el cuidado del coche familiar era mucho más importante que para Karen, mientras que para ella era mucho más importante que David llegara a cenar a la hora prevista. Estas diferencias en valores y puntos de vista tenían que ser respetadas para que pudieran comunicarse con claridad en términos como «yo quiero, yo elijo, yo he decidido», es decir, la expresión directa de la asunción de poder, sin amenaza o exigencia de que el otro deba conformarse. Afirmaciones directas como «Me gustaría que llenaras el depósito de gasolina» o «Me gustaría salir a las siete en punto para ir a la cena de los Smith» pronto reemplazaron a los anteriores «Deberías acordarte de poner gasolina, ¡no sé qué problema tienes!» o «Ya volvemos a llegar tarde. ¿Por qué no puedes ser nunca puntual con las cosas que a mí me importan?».

Aunque tanto David como Karen siguieron procrastinando en algunas de sus propias tareas, desarrollaron una sensibilidad hacia las prioridades del otro, empezaron a escuchar con más atención las peticiones no acusatorias, reconocieron la trampa de las quejas y se ayudaron el uno al otro a superar la procrastinación ofreciendo imágenes claras de dónde iniciar un proyecto. También aprendieron a afirmar sus necesidades individuales respetando los valores del otro, dedicando más interés a los resultados que a la culpabilización o al control. Aunque los procrastinadores de tu vida no lleguen a leer este libro, tu aplicación de las estrategias del programa de *Hazlo ahora* harán más clara tu comunicación y les mostrará el trabajo de calidad y el ocio sin culpa de una persona productiva.

Una última palabra

Experimenta con las diversas técnicas ofrecidas a lo largo de este libro. Púlelas para que se adapten a tu estilo y situación personal. Mantente abierto a los cambios, con la confianza de que cuentas con las nuevas herramientas del programa de *Hazlo ahora* para reemplazar los viejos hábitos de procrastinación y bajo rendimiento. Evita afirmaciones como «Lo *probaré*» o «No funciona», que revelan una actitud de ensayo más que de compromiso firme. El sentimiento que hay detrás de «Lo probaré» es que piensas hacer un esfuerzo a medio gas para luego fracasar. Las afirmaciones derrotistas del tipo «No funciona» significa que no has logrado encontrar un instrumento que te ayude a acabar con *toda* tu ansiedad, que otra vez tus problemas están por resolver, y que es probable que recurras a tu vieja solución de siempre, la procrastinación, para huir del miedo y la inquietud. «¿Cómo puedo lograr que a mí me funcione?» refleja un mayor compromiso y ganas de que salga bien.

Espero que utilices el programa de *Hazlo ahora* para ser consciente de tus propias capacidades, motivación y genio interior. Con *Hazlo ahora* como aliado, espera adquirir una actitud positiva hacia el trabajo, control sobre la procrastinación, resistencia frente a los reveses y una nueva identidad de persona productiva.

Bibliografía

Adyashanti, *La danza del vacío*, Gaia Ediciones, Madrid, 2008.

Allport, Gordon, *Desarrollo y cambio: consideraciones básicas para una psicología de la personalidad*, Paidós Ibérica, Barcelona, 1985.

Bandura, Albert. *Auto-Eficacia: Cómo afrontamos los cambios de la Sociedad actual*, Desclée de Brouwer, Madrid, 2009.

—, «The Self System in Reciprocal Determinism», *American Psychologist*, 33 (1978), pp. 344-358.

Baum, K., y Trubo, R., *The Mental Edge: Maximize Your Sports Potential with the Mind/Body Connection*, Perigee, Estados Unidos, 1999.

Beery, Rich G., «Fear of Failure in the Student Experience», *Personnel and Guidance Journal*, 54 (1975), pp. 190-203.

Bliss, Edwin C., *Getting Things Done: The ABC's of Time Management*, Bantam, Estados Unidos, 1978.

Bolen, Jean Shinoda, *El Tao de la psicología*, Kairós, Barcelona, 2008.

Borod, J. C. (ed.), *The Neuropsychology of Emotion*, Oxford University Press, Estados Unidos, 2000.

Bowlby, John, *La separación afectiva*, Paidós Ibérica, Barcelona, 2009.

Bradbury, Ray, *Zen en el arte de escribir*, Minotauro, Barcelona, 2002.

Budd, Matthew, *Tú eres lo que dices*, Edaf, Madrid, 2001.

Burka, Jane, y Yuen, Lenora, *Procrastination: Why You Do It, What to Do About It*, Addison Wesley, Estados Unidos, 1984.

Burns, D., *Feeling Good: The New Mood Therapy*, Avon, Estados Unidos, 1999.

Cousins, Norman, *Anatomy of an Illness as Perceived by the Patient*, Bantam, Estados Unidos, 1981.

—, *The Healing Heart*, W. W. Norton, Estados Unidos, 1983.

Davis, Martha; McKay, Mathew, y Eschelman, Elizabeth, *The Relaxation & Stress Reduction Handbook*, New Harbinger, Estados Unidos, 1980.

Ellis, A. y Knaus, W. J., *Overcoming Procrastination*, Signet, Estados Unidos, 1977.

Erickson, M. H., «An Hypnotic Technique for Resistant Patients: The Patient, the Techniques, and Its Rationale and Field Experiments», *American Journal of Clinical Hypnosis*, 1 (1964), pp. 8-32.

Fadiman, J., *Unlimit Your Life: Setting & Getting Goals*, Celestial Arts, Estados Unidos, 1990.

Fiore, Neil, *The Road Back to Health: Coping with the Emotional Side of Cancer*, Celestial Arts, Estados Unidos, 1991.

—, y Susan C., *Conquering Test Anxiety*, Warner Books, Estados Unidos, 1987.

Fox, Matthew, *Original Blessing*, Bear, Estados Unidos, 1983.

Frederick, C., y McNeal, S., *Inner Strength: Contemporary Psychotherapy and Hypnosis for Ego Strengthening*, Lawrence Erlebaum, Estados Unidos, 1999.

Fromm, Eric, *Man for Himself*, Holt, Rinehart & Winston, Estados Unidos, 1947.

Garfield, Charles A., y Bennett, Hal Zina, *Peak Performance: Mental Training Techniques of the World's Greatest Athletes*, Jeremy P. Tarcher, Estados Unidos, 1984.

Girdano, Daniel A., y Everly, George S., *Controlling Stress and Tension*, Prentice Hall, Estados Unidos, 1986.

Goldberg, E., *The Executive Brain: Frontal Lobes and the Civilized Mind*, Oxford University Press, Reino Unido, 2001.

Goldberg, Natalie, *Writing Down the Bones: Freeing the Writer Within*, Shambhala, Estados Unidos, 1998.

Goleman, Daniel, *Inteligencia emocional*, Kairós, Barcelona, 1996.

—, «Concentration Is Likened to Euphoric States of Mind», *The New York Times*, 4 de marzo de 1986, pp. 21-22.

Griffin, Susan, *Pornography and Silence: Culture's Revenge Against Nature*, Harper & Row, Estados Unidos, 1981.

Jacobs, T. O. *Leadership and Exchange in Formal Organizations*, Human Resources Research Organization, Estados Unidos, 1971.

James, William, «The Energies of Men», en James Jr., H. (ed.), *Memories and Studies*, Longmans, Green & Company, Estados Unidos, 1911.

Jampolsky, Gerald, *Love Is Letting Go of Fear*, Celestial Arts, Millbrae (California), 1979.

Jaynes, Julian, *The Origin of Consciousness in the Breakdown of the Bicameral Mind*, Houghton Mifflin, Estados Unidos, 1976.

Kanfer, Frederick H., y Phillips, Jeanne S., *Learning Foundations of Behavior Therapy*, John Wiley & Sons, Estados Unidos, 1970.

Keillor, Garrison, *Lake Wobegon Days*, Penguin, Estados Unidos, 1985.

Knaus, W. J., *Do It Now: How to Stop Procrastinating*, Prentice Hall, Estados Unidos, 1979.

Kobasa, Suzanne C., «The Hardy Personality: Toward a Social Psychology of Stress and Health», en Sanders, Glenn S. y SULS, Jerry (eds.), *Social Psychology of Health and Illness*, Lawrence Erlbaum, Estados Unidos, 1982, pp. 3-32.

—, «Stressful Life Events, Personality and Health: An Inquiry into Hardiness», *Journal of Personality and Social Psychology*, 37 (1979), 1-11.

—, y Puccetti, Mark C., «Personality and Social Resources in Stress Resistance», *Journal of Personality and Social Psychology*, 45 (4), pp. 839-850.

Lakein, Alan, *How to Get Control of Your Time and Your Life*, Signet, Estados Unidos, 1973.

Linville, Patricia W., «Self-Complexity as a Cognitive Buffer Against Stress-Related Illness and Depression», *Journal of Personality and Social Psychology*, 52 (4), 1987, pp. 663-676.

Lippke, S., Ziegelmann, J. P., y Schwarzer, R., «Stage-Specific Adoption and Maintenance of Physical Activity: Testing a Three-Stage Model», *Psychology of Sport & Exercise*, 6, 2005, pp. 585-603.

Loehr, James E., y Schwartz, T., *The Power of Full Engagement: Managing Energy, Not Time, Is the Key to High Performance and Personal Renewal*, Free Press, Estados Unidos, 2003.

Machlowitz, Marilyn, *Workaholics: Living with Them, Working with Them*, Addison-Wesley, Estados Unidos, 1980.

Mcgregor, Douglas, *The Professional Manager*, McGraw-Hill, Estados Unidos, 1967.

—, *The Human Side of Enterprise*, McGraw-Hill, Estados Unidos, 1960.

Mclean, Alan A., *Work Stress*, Addison-Wesley, Estados Unidos, 1979.

Maslow, Abraham H., *Motivation and Personality*, Harper & Row, Estados Unidos, 1970.

Maxwell, Martha, *Improving Student Learning Skills*, Jossey-Bass, Estados Unidos, 1979.

Miller, Alice, *For Your Own Good: Hidden Cruelty in Child-Rearing and the Roots of Violence*, Farrar, Straus & Giroux, Estados Unidos, 1983.

Millman, D., *Body Mind Mastery: Creating Success in Sport and Life*, New World Library, Estados Unidos, 1999.

Minninger, Joan, *Free Yourself to Remember*, Workshops for Innovative Teaching, Estados Unidos, 1984.

—, *Total Recall: How to Boost Your Memory Power*, Rodale Press, Estados Unidos, 1984.

O'Hanlon, B., y Beadle, S., *Guild to Possibility Land*, W. W. Norton, Estados Unidos, 1999.

Ornstein, R., *Multimind: A New Way of Looking at Human Behavior*, Houghton Mifflin, Estados Unidos, 1986.

Palmer, W., *The Practice of Freedom: Aikido Principles as a Spiritual Guide*, Rodmell Press, Estados Unidos, 2001.

Peck, M. Scott, *The Road Less Traveled*, Touchstone, Estados Unidos, 1978.

Pennebaker, J. W., *Opening Up: The Healing Power of Expressing Emotions*, Guilford Publications, Estados Unidos, 1997.

Poppy, John, «The Keys to Mastery», *Esquire*, mayo de 1987, pp. 119-126.

Porat, S., *Creative Procrastination: Organizing Your Own Life*, Harper & Row, Estados Unidos, 1980.

Restak, Richard, *The Brain*, Bantam, Estados Unidos, 1984.

Rubin, Theodore I., *Compassion and Self-Hate*, Ballantine, Estados Unidos, 1976.

Sayles, Leonard R., «Better Communicating... to Subordinates... to the Boss», *Boardroom Reports*, 1 de agosto de 1987, p. 10.

Schechter, David, «Complex Characters Handle Stress Better», *Psychology Today*, octubre de 1987, p. 26.

Schwarzer, R., «Social-Cognitive Factors in Changing Health-Related Behaviors», *Current Directions in Psychological Science*, 10 (2), 2001, pp. 47-51.

Seligman, M. E. P., *Authentic Happiness: Using the New Positive Psychology to Realize Your Potential for Lasting Fulfillment*, Free Press, Estados Unidos, 2002.

Spielberger, C. D., y Vagg, P. R. *Test Anxiety: Theory, Assessment, and Treatment*, Taylor and Francis, Washington DC, 1995.

Suinn, Richard M., «Imagery», en Singer, R., Murphy, M. y Tennant, L. (eds.), *Handbook of Research on Sport Psychology*, Macmillan, Estados Unidos, 1993, pp. 192-510.

—, *Seven Steps to Peak Performance*, Hogrefe International, Estados Unidos, 1986.

Von Oech, Roger, *A Whack on the Side of the Head: How to Unlock Your Mind for Innovation*, Warner Books, Estados Unidos, 1983.

Waitley, Denis, *The Psychology of Winning*, Berkley Publishing, Estados Unidos, 1984.

—, y Witt, Reni. T*he Joy of Working: The 30-Day System to Success, Wealth and Happiness on the Job*, Ballantine, Estados Unidos, 1986.

Watkins, J. G. y H., *Ego States: Theory and Therapy*, W. W. Norton, Estados Unidos, 1997.

Watzlawick, Paul, Weakland, John y Fisch, Richard, *Change: Principles of Problem Formation and Problem Resolution*, W. W. Norton, Estados Unidos, 1974.

Winnicott, Donald W., *Playing and Reality*, Tavistock, Reino Unido, 1982.

Winston, Stephanie, *Getting Organized*, Warner Books, Estados Unidos, 1978.

Zdenek, Marilee, *The Right-Brain Experience: An Intimate Program to Free the Powers of Your Imagination*, Bantam, Estados Unidos, 1983.